AUDIT DE LA CULTURE D'ENTREPRISE

Collection AUDIT
dirigée par Jean-Marie PERETTI

Pour obtenir une qualité meilleure des informations de gestion et une appréciation correcte de la marche des affaires, pour accroître la rigueur et l'efficacité de leur gestion, les entreprises ont besoin d'un recours croissant aux techniques de l'Audit.

Ces ouvrages permettent d'appliquer la méthodologie, les techniques et les outils de l'Audit aux principaux domaines de la Gestion.

Jacques IGALENS et Jean-Marie PERETTI
Audit des rémunérations

Michel JORAS et Jean-Marie PERETTI
Audit de l'aménagement des temps de travail

Miguel MARTI
Audit de la qualité

Jean-Marie PERETTI et Jean-Luc VACHETTE
Audit social

COLLECTION AUDIT
dirigée par Jean-Marie Peretti

Maurice THÉVENET

AUDIT DE LA CULTURE D'ENTREPRISE

Préface de Alain Chevalier

1986
les éditions d'organisation
5, rue Rousselet — 75007 PARIS

AUX ÉDITIONS D'ORGANISATION

Gaston Cuendet, Yves Emery et François Nankobogo
Motiver aujourd'hui.

Yves Enrègle et Raymond-Alain Thietart
Précis de direction et de gestion.

Jean-Christian Fauvet et Jean-René Fourtou
La passion d'entreprendre.

Michel Liu
Approche socio-technique de l'organisation.

Henry Mintzberg
Le manager au quotidien.

Pierre Morin
Le management et le pouvoir.

Richard Tanner Pascale et Antony G. Athos
La management est-il un art japonais ?

Jean-Paul Sallenave
Direction générale et stratégie de l'entreprise.

SOLVING
L'entreprise performante.

Christian Michon et Patrice Stern
La dynamisation sociale de l'entreprise.

AUX ÉDITIONS HOMMES ET TECHNIQUES

Jean Brilman
Gestion de crise et redressement d'entreprises.

Yves Cannac et la CEGOS
La bataille de la compétence.

Octave Gélinier
Statégie de l'entreprise et motivation des hommes.

Andrew S. Grove
Le management multiplicateur

Francis Jacq et Jean-Louis Muller
De l'expression des salariés à la stratégie de l'entreprise.

ISBN : 2-7081-0736-4

SOMMAIRE

TROISIÈME PARTIE
LES SUITES D'UN AUDIT DE CULTURE

PRÉFACE

Au début des années soixante-dix les entreprises américaines, et plus largement « l'establishment » des affaires, ont connu une situation sans précédent. Une vague de critiques née sur les campus et dans les « business school », mais qui a atteint des couches de plus en plus larges de l'opinion, a débouché sur une contestation radicale du système économique.

D'abord pris de court par la nouveauté du phénomène, les dirigeants les plus représentatifs des milieux économiques ont su voir, au-delà des manifestations circonstancielles et politiques qui dominaient ce mouvement, les éléments d'une véritable crise de société. L'entreprise, jusque-là conçue comme une organisation fondée sur des critères strictement économiques, était désormais perçue comme une institution soumise à des responsabilités nouvelles tant vis-à-vis de son personnel que de son environnement. Le thème de la responsabilité sociale de l'entreprise était né.

En France, dans un climat encore plus difficile, où l'hostilité à l'entreprise s'appuyait sur une idéologie dominante franchement anticapitaliste, les milieux patronaux ont également relevé le défi. Un effort sans précédent a été accompli dont le but, informulé à l'origine, mais aujourd'hui clair, a été d'adapter le système de valeur de l'entreprise aux réalités et aux exigences du monde contemporain. La reconnaissance de l'entreprise comme une institution où la réalité sociale coexistait avec la réalité économique, a marqué la première étape de cette révolution culturelle. Il en est résulté, au moins dans les grands groupes, une transformation radicale de la politique des relations humaines, de l'organisation des méthodes de production, de la répartition des responsabilités et du droit d'expression du personnel.

Mais plus on avançait dans cette voie, plus la spécificité de chaque entreprise apparaissait comme un facteur déterminant. Aucune règle de portée générale, aucune méthode passe partout ne permettait d'atteindre l'excellence et, à travers elle, le succès. C'est que chaque entreprise, collectivité d'hommes, disposait d'un héritage, d'un environnement, d'un métier et d'une ambition, en un mot d'une culture.

A trop insister cependant sur les facteurs originaux qui constituent la culture d'entreprise, on s'interdirait de donner tout contenu pratique à ce concept. La tentative de Monsieur Thévenet est, comme l'indique son titre, de dépasser le stade descriptif, voire anecdotique, où nous nous trouvons aujourd'hui, en définissant une méthode de caractère suffisamment général pour déboucher sur un diagnostic.

Son ouvrage procède de trois interrogations : Quel est le contenu de la notion de culture d'entreprise ? Comment amener une entreprise à prendre une vision claire du système de valeur sur lequel elle est fondée et souvent à son insu ? Enfin, comment adapter cette culture pour répondre plus efficacement aux défis internes ou externes qui menacent son existence ou son identité.

Bien qu'il se veuille technique et pratique, le livre de Monsieur Thévenet relève d'une certaine forme de psychanalyse sociale, celle définie par Jung dans sa recherche sur l'inconscient collectif.

Les philosophes et les sociologues s'entendent aujourd'hui sur un point : une bonne connaissance de soi est indispensable à celui qui veut agir efficacement sur le monde. Il en va pour les individus comme pour les institutions. Dans la recherche d'une meilleure rentabilité économique, qui reste l'objectif fondamental de l'entreprise, les facteurs culturels, au sens le plus large, jouent un rôle déterminant.

Alain CHEVALIER

Président de MOËT-HENNESSY

INTRODUCTION

La gestion d'aujourd'hui découvre la culture d'entreprise et se laisse séduire. Toute démarche stratégique doit s'inspirer des fondements de la culture pour gagner de la fiabilité ; les hommes ne peuvent se mobiliser que sur des projets, certitudes ou valeurs dont la force, la permanence et l'efficacité génèrent des opportunités d'implication.

L'entreprise retrouve enfin ce droit à la différence qui s'accompagne aujourd'hui d'une très forte reconnaissance.

Le temps est venu de dépasser la culture superficielle de la culture prodiguée par les best-sellers du management de ces dernières années. Comme nous y invitent Peretti et Vachette (1) à propos de la gestion sociale, de réelles démarches doivent être mises en œuvre pour décliner, opérationnaliser et utiliser ce nouveau concept. C'est le but de cet ouvrage qui répondra à trois grandes questions :

— Quelle est l'utilité de rechercher sa culture et d'en tenir compte dans les décisions de gestion ? Ce sont les ENJEUX de l'audit de culture. Nous resituerons la culture parmi les modes en gestion, nous en distinguerons les apports originaux et quelques-unes de ses applications pratiques dans des disciplines de gestion.

— Comment mettre en évidence la culture ? Ce sont les MÉTHODES de l'audit. Nous détaillerons les matériaux de base à collecter pour décrire la culture ainsi que les moyens d'investigation nécessaires ; trois cas d'entreprise illustreront cette approche pratique.

— Que faire d'une étude de culture ? Ce sont les SUITES de l'audit. Nous expliciterons ce que contient un rapport d'audit de culture ; nous verrons si on peut changer la culture et nous envisagerons le cas particulier du Projet d'Entreprise qui en est une des suites les plus fréquentes.

---

(1) Peretti J.-M., Vachette J.-L., Audit social, Les Éditions d'Organisation, 1984.

PREMIÈRE PARTIE

LES ENJEUX D'UN AUDIT DE CULTURE

CHAPITRE 1

CULTURE D'ENTREPRISE, « MODE » D'EMPLOI

Nous avons tous été frappés par l'écart entre ce que nous vivons dans les entreprises et les théories. Une quantité de facteurs interviennent dans la réalité d'une entreprise que les meilleurs modèles de gestion ne peuvent prendre en compte. Un président exigeait de ses cadres une grande rigueur dans l'élaboration d'un plan d'entreprise qu'il leur conseillait ensuite de ranger au fond d'un tiroir ; les managers se plaisent à résumer en deux ou trois slogans ce qui fait leur réussite ; des décennies de succès industriels semblent se résumer en quelques préceptes incantatoires ; ces réalités semblent s'éloigner de pratiques de gestion sophistiquées que ces mêmes entreprises continuent d'utiliser.

Le paradoxe n'est qu'apparent entre ces aspects culturels et technocratiques de l'entreprise ; ils ne se substituent pas l'un à l'autre mais se complètent parce que la culture d'entreprise apporte une vision différente des problèmes de gestion et de leur logique.

Le terme même de culture est tellement vague et valorisant qu'un « mode » d'emploi s'impose :

1 — Les références actuelles à la culture d'entreprise sont si fréquentes qu'on peut se demander si la notion est nouvelle ou simplement redécouverte ; dans les deux cas il faut savoir ce qu'elle apporte à notre vision traditionnelle du fonctionnement des entreprises.

2 — Que la culture d'entreprise soit considérée comme une mode ne suffit pas à éluder la question ; une mode n'est pas le fruit du hasard mais illustre une évolution des mentalités que le succès de la culture nous invite à comprendre.

3 — Le management a suffisamment usé de méthodes, d'approches et de recettes et la culture ne doit pas échapper à l'examen sévère de ses intérêts mais aussi de ses limites pour l'entreprise.

1.1. LES RAISONS DU SUCCÈS DE LA CULTURE D'ENTREPRISE

A. LA CULTURE POUR APPORTER DES SOLUTIONS

Une approche culturelle de l'entreprise doit apporter des solutions nouvelles aux problèmes que rencontre l'entreprise et pas seulement conforter le plaisir d'admirer ses propres particularités.

Ces nouvelles *solutions* sont internes. Étudier sa propre culture, c'est rechercher des solutions que l'entreprise a déjà éprouvées avec succès. L'histoire, le système de valeurs, le métier sont autant de matériaux qui permettent de s'assurer de leur pertinence.

Ces *solutions* sont nouvelles. On recherche d'autres issues parce que les précédentes n'ont pas marché. La culture, c'est ce qui reste quand on a tout essayé. En matière de structure, de stratégie ou de relations humaines, des modèles ont été régulièrement proposés qui aidaient l'entreprise dans ses choix ; en période de crise on ne dispose plus de critères fiables pour appréhender l'évolution des variables pertinentes de l'organisation et l'efficacité des modèles utilisés en pâtit.

Ces *solutions* nouvelles doivent répondre à des problèmes d'organisation nouveaux. Le paradoxe de la gestion des entreprises demeure l'équilibre fragile à trouver entre une nécessaire adaptation aux pressions et exigences de l'environnement et un maintien de la cohésion et de l'efficacité du système-organisation. Ces deux contraintes sont bien souvent inconciliables et actuellement chacune d'elles se pose en des termes nouveaux. L'adaptation à l'environnement signifie internationalisation, accélération du rythme de lancement des produits, développement de la qualité, réduction des coûts, intégration de technologies évoluant plus rapidement. Le développement de la cohésion et de l'efficacité organisationnelle, c'est la mobilisation du personnel, l'assouplissement des structures, le développement de l'initiative.

Ces deux catégories de problèmes sont permanentes mais elles se déclinent différemment aujourd'hui. Les nouvelles solutions qu'apporte l'approche culturelle sont marquées par la référence à l'expérience particulière de l'entreprise, développée durant son histoire. Alors que les modèles de gestion présentaient des solutions instantanées, prêtes à l'emploi et universelles, la culture signifie particularisme, référence au passé, unicité des solutions et des pratiques. Nous développerons plus loin le cas des cercles de qualité (1)

---

(1) Bosche (M.), Bouyer (F.), Vachette (J.-L.), *Cercles de qualité et culture d'entreprise : une étude de cas,* Revue française de Gestion, n° 47-48, septembre-octobre 1984.

dont les succès dépendent de la cohérence entre les formes de travail collectif qu'ils induisent et la culture de l'organisation qui les met en place.

B. LA CULTURE POUR DÉCRIRE ET EXPLIQUER LES ORGANISATIONS

La *culture* est une notion pertinente dans la mesure où elle permet de comprendre le fonctionnement des organisations et de résoudre ses problèmes là où d'autres approches deviennent inefficaces. En ce sens, on emploie parfois le concept de « paradigme », c'est-à-dire une construction intellectuelle permettant de décrire la réalité sous certaines conditions. La culture est un paradigme si le chercheur, l'auditeur ou le consultant peut représenter la logique de développement et de fonctionnement de l'entreprise. Un paradigme nouveau ne remet pas en cause les anciens mais il met en évidence des aspects que les approches antérieures ne peuvent révéler (2).

Concrètement, nous pratiquons aujourd'hui des diagnostics de management inspirés par la théorie de la culture. Les aspects du management audités sont toujours les mêmes : mode de direction et de participation, relations intra et inter-services, modes de décision et de contrôle des résultats. Toutefois, des grilles culturelles sont sollicitées pour repérer les logiques inhérentes au management. On décèle ainsi le fondement de ses pratiques de management, sa cohérence interne et surtout les paradoxes éventuels et opportunités de changement. Dans cette démarche, l'auditeur ne dessine pas les grands traits de la culture mais il construit une explication « culturelle » du management de l'entreprise.

C. LA CULTURE POUR METTRE EN VALEUR D'AUTRES TRAITS DE L'ORGANISATION

La *culture d'entreprise* apporte d'autres critères pertinents à notre analyse du fonctionnement de l'entreprise. Elle renvoie les espoirs en des conceptions figées et universelles mais aussi les visions contingentes d'un agencement performant de variables organisationnelles. Au-delà des structures-types et des dosages savants de formalisation et centralisation, la culture met en valeur le *processus* de développement de l'entreprise tout au long d'une histoire où le temps réalise l'apprentissage de modes d'action et de résolution des problèmes appropriés (3).

---

(2) Kuhn (T.S.), *The structure of scientific revolution,* Chicago : University of Chicago Press ; 2e édition.

(3) Homans (G.), *The human group,* New York : Harcourt Brace Jovanovitch, 1950.

Le tableau suivant résume ces trois grandes phases que suivent la plupart des grands thèmes du management.

La culture procède d'une approche processuelle de l'organisation où la solution particulière à l'entreprise remplace la solution universelle ou contingente.

	Fondamentalisme	Contingence	Processus
PRINCIPE	Une solution universelle	Une solution adaptée à une situation	Une solution adaptée à l'entreprise
BUT	Mettre en œuvre	S'adapter	Être soi-même
CRITÈRES DE SUCCÈS	La reproduction d'un modèle	La sensibilité aux variations de la situation	La cohérence avec la culture de l'entreprise
MOYENS D'ACCÉDER À LA PERFORMANCE	L'apprentissage de techniques et de modèles	L'analyse de l'environnement et le diagnostic	La définition de la culture
EXEMPLE : LE LEADERSHIP	« L'âme de chef »	Un style adapté à la situation	Un processus de développement et de destruction du leadership

1.2. LA « MODE » DE LA CULTURE D'ENTREPRISE

En mars 1985, l'Institut de l'Entreprise réunissait 3 000 chefs d'entreprise autour d'un Congrès de l'Entreprise. Michel Crozier y présentait les conclusions d'une étude réalisée auprès d'une quarantaine de chefs d'entreprise et consultants sur le thème des « Nouveaux modes d'organisation » (4).

Quatre concepts majeurs apparaissent à propos de l'organisation de demain : *simplicité, souplesse, cadres* et *culture d'entreprise.* Autour de cette dernière se retrouvent le souci de développer des modes d'organisation propres à la situation de l'entreprise mais aussi un projet adapté et mobilisateur. La culture devient selon l'auteur de la *« Théorie Z »* (5) le domaine de recherche, sur les organisations, le plus actif.

(4) Crozier (M.), *Les nouveaux modes d'organisation,* Étude pour l'Institut de l'Entreprise, mars 1985.

(5) Ouchi (W.), *Revue de littérature sur la culture d'entreprise,* U.C.L.A., 1985.

« Le Prix de l'Excellence » (traduction française de *« En quête de l'excellence »*), *« L'art du management japonais », « Théorie Z », « La société M »*, ou *« Corporate Cultures »* (6) ont popularisé la culture d'entreprise qui apparaît comme un facteur de succès pour les organisations quand elle est forte, c'est-à-dire prégnante sur les comportements et les modes de gestion.

L'entreprise, enfin, jouit d'un capital de confiance aujourd'hui dont elle n'a jamais disposé auparavant : émissions grand-public et ouvrages sur les entreprises fleurissent (Michelin, Schlumberger, Renault, Menier, pour ne citer que quelques ouvrages récents). Roger Martin (Pont-à-Mousson), Maisonrouge (I.B.M.) fréquentent *« Apostrophes »* et Francine Gomez, Bernard Tapie, Émile Véron sont des personnages médiatiques tout autant écoutés que les milliardaires du Loto.

C'est dans ce contexte que la culture d'entreprise apparaît dans le paysage des modes en management. Lors d'un congrès récent de management aux États-Unis, l'ensemble des chercheurs et consultants présentant leurs travaux évoquaient avec dédain l'engouement pour la culture d'entreprise ; en écoutant leurs présentations et au vu de leurs papiers, on comptait à peu près 50 % d'interventions qui abordaient le thème...

La notion de mode est péjorative même si chacun y succombe d'une manière ou d'une autre. Depuis dix ans, trois modes durent : le Japon, le travail des managers et le « small is beautiful » (7) : les ouvrages et articles aujourd'hui les ressassent encore.

D'autres modes naissent et disparaissent ; elles concernent aussi bien des disciplines de gestion (contrôle de gestion, finance, gestion du personnel), que des thèmes (l'amélioration des conditions de travail, la qualité), des attitudes (flexibilité, adaptation, modélisation) ou des idéologies (responsabilité sociale de l'entreprise, défense des consommateurs). Durant ces dix années, certaines sont apparues comme la question d'éthique des affaires aux États-Unis ou la problématique de la productivité (8) et la culture d'entreprise réapparaît après avoir été à la base de l'ensemble des théories de l'O.D. (Organizational Development) qui préconisaient diverses méthodes d'évolution programmée des organisations et de leur fonctionnement.

Le consumérisme, la gestion budgétaire, les conditions de tra-

---

(6) Pascale (R.), Athos (A.), *The Art of Japanese Management*, New York : Simon & Schuster, 1981 ; le management est-il un art japonais, Les Éditions d'Organisation, Paris.

Deal (T.), Kennedy (A.), *Corporate Cultures*, Reading (Mass.), Addison-Wesley, 1982.

(7) Thévenet Maurice, *L'écot de la mode*, Revue française de Gestion, n° 53-54, septembre-décembre 1985.

(8) Tarondeau (J.-C.), *Le « come-back » des producteurs*, Revue française de Gestion, n° 53-54, septembre-décembre 1985.

vail et leur amélioration sont au rayon des modes oubliées ; d'autres enfin s'adaptent aux conditions du temps et stratégie, structure, gestion du personnel et gestion de production se déclinent aujourd'hui très différemment.

Dans cette géographie des modes, la culture fait un « come back » ; elle donne lieu aujourd'hui à des enseignements spécifiques et interventions dans les entreprises ; elle correspond à une attitude nouvelle par rapport aux problèmes de gestion puisqu'on s'interroge sur la « personnalité » de l'entreprise ; elle est aussi idéologie de l'entreprise maîtresse de ses stratégies et de son fonctionnement en dehors de toutes règles universelles.

Revoir quelques décennies de certitudes managériales ne revient pas à mettre en évidence la vanité des recherches et propositions dans le domaine. Au contraire, la mode est très riche puisqu'elle révèle l'état des mentalités des hommes d'entreprise à un moment de l'histoire économique. En ce sens, les modes doivent être prises au sérieux : sacrifier à la mode en matière de management, c'est agir sur des problèmes d'organisation avec des outils et des façons de penser adaptés à l'époque. Les problèmes auxquels sont confrontées les entreprises sont invariablement l'adaptation à l'environnement et l'intégration des ressources internes mais pour traiter ces problèmes éternels, chaque époque développe ses outils de gestion et modes de résolution de problèmes.

Le *« Prix de l'Excellence »* devient un best-seller en vantant les mérites d'une culture forte comme facteur de succès des entreprises ; au même moment, des entreprises très diverses, dans l'industrie ou le service, se préoccupent de leur culture pour élaborer un projet ; plusieurs équipes actuellement travaillent dans des sociétés différentes, à mettre en valeur leur histoire ; les biographies d'entreprises se multiplient ; toutes les revues de business expliquent stratégies et politiques d'entreprise à l'aide de considérations culturelles. Au même moment, des responsables d'entreprise admettent que leurs problèmes ne peuvent se résoudre qu'en référence à leur identité : la notion de culture n'est pas nouvelle, mais l'idée de pouvoir approcher des problèmes de gestion grâce à elle est récente et justifie que l'on s'arrête à ce qui peut être une mode.

La culture d'entreprise, comme toutes les autres modes en management est soumise à plusieurs logiques. Michel Crozier souligne que l'évolution des mentalités sur l'entreprise s'effectue en période de crise grave. Les premiers chocs pétroliers et leurs conséquences pour le fonctionnement de nos économies ont produit indirectement de nombreuses réflexions sur la gestion courante, le contrôle des coûts, les mille et une recettes pour les réduire. Les politiques de l'État sont génératrices de pratiques managériales : les lois Auroux ont plus fait pour la diffusion des outils de relations humaines et la conduite de réunion que tous les ouvrages de psychosociologie pratique. L'idéologie dominante, enfin, pousse à l'éclosion de modes : les années 70 sont marquées par l'amélioration des conditions de travail, les théories de la satisfaction du personnel, la notion de responsabilité sociale de l'entreprise, etc. On cherchera dans la persistance de la crise, l'aggravation de la concurrence internationale ou les échecs des théories antérieures, l'émergence de cette mode de culture.

Pour que la mode se développe, la culture a besoin de deux aides :

— la première est l'« opérationnalisation » : la mode se développera si son sujet devient opérationnel. Autrement dit, si la culture d'entreprise reste vague, cantonnée autour des philosophies d'entreprises ou autres considérations anecdotiques et folkloriques comme l'habillement, le tutoiement ou l'épaisseur des moquettes, elle ne durera pas. Il est nécessaire de pouvoir transformer en outils d'intervention, de diagnostic et d'action le contenu théorique qui l'entoure ;
— la culture se développe également comme mode dans la mesure où il existe des modèles à imiter : *le Prix de l'Excellence* a beaucoup joué dans le développement de cette mode puisqu'il proposait, dans sa conception même, des entreprises-modèles dont il s'agissait de déceler les particularités expliquant le succès : la culture forte était l'une d'elles.

Sans refuser la notion même de mode, la suite de cet ouvrage montrera le contenu opérationnel de la culture d'entreprise ainsi que les potentialités dynamisantes de la mode sur le fonctionnement des entreprises.

1.3. INTÉRÊTS ET LIMITES DE LA CULTURE D'ENTREPRISE

Comme toute notion qui apparaît nouvelle, la culture suscite parfois des espoirs démesurés alors même que tous ses intérêts ne sont pas exploités pleinement. La culture ne représentera un intérêt réel que si elle aide l'entreprise à résoudre ses problèmes d'adaptation et d'organisation ; la balance des intérêts et limites de la culture s'établira sur cette base.

INTÉRÊTS

A. IDENTITÉ PLUTÔT QUE MODÈLE UNIVERSEL

Dans une approche culturelle, l'entreprise dispose d'une identité, d'une « personnalité » qui la distingue des autres. Deux entreprises équivalentes au plan des variables traditionnelles des théories des organisations (secteur d'activité, technologie utilisée, taille, degré de centralisation) se distingueront par leur identité. En France, MM. Reitter, Larçon, Ramanantsoa, Lauriol (9) ont développé cette notion d'identité qu'ils préfèrent à celle de culture. Ils l'utilisent essentiellement comme une variable permettant à l'entreprise de définir des stratégies qui lui sont le mieux adaptées.

Cette évidence d'une identité par entreprise s'oppose en fait à beaucoup de pratiques courantes visant à proposer à l'entreprise des modèles à imiter. Dans les méthodes de gestion, le choix des structures ou la définition des stratégies, on recherche des solutions ou modes de résolution de problèmes qui ont déjà fait leurs preuves. Même dans le domaine des relations humaines ou de l'innovation managériale, l'imitation a été le moteur de nombreuses modes qui ont popularisé les cercles de qualité aussi bien que l'amélioration des conditions de travail. On souligne souvent les comportements originaux de Michelin (10) qui maintient son siège social en province, refuse les canons de structure développés par Harvard et développe son propre système de gestion des compétences sans référence aucune à ce que l'ensemble des milieux d'entreprises considèrent comme « les bonnes solutions ». Avec l'identité, il n'existe plus de modèles de fonctionnement à imiter.

Cette identité doit être définie, décrite. Elle est conçue dans une optique large : l'identité ne se situe pas uniquement au niveau des anecdotes, comportements superficiels ou valeurs déclarées ; c'est le fondement logique de systèmes de gestion qui se sont développés dans une entreprise parce qu'ils sont apparus comme les plus efficaces ; la culture se retrouve donc dans tout ce que l'entreprise a conçu pour fonctionner et assurer sa pérennité.

B. COHÉRENCE PLUTÔT QUE NORME

Raisonner en termes de culture d'entreprise, incite à modifier ses critères d'appréciation. Couramment, les recherches de solutions et l'évaluation des résultats s'opèrent par rapport à une norme, un standard de qualité ou de succès qu'il s'agit d'atteindre. L'approche culturelle met plutôt l'accent sur la cohérence des décisions prises et des résultats obtenus par rapport à la culture et l'identité de l'entreprise.

---

(9) Larcon (J.-P.), Reitter (R.), *Structures de pouvoir et identité de l'entreprise,* Paris, Nathan, 1979.

Lauriol (J.), *Identité et culture de l'entreprise : vers un nouveau management,* Les Échos, 9 novembre 1984.

Laufer (R.), Ramanantsoa (B.), *Crise d'identité ou crise de légitimité ?,* Revue française de Gestion, sept.-oct. 1982.

(10) Jemain (A.), *Michelin, un siècle d'histoire,* Calmann-Lévy, Paris, 1983.

L'amélioration des structures et des règles de management par exemple s'est faite longtemps en imitation de structures ou de règles idéales à reproduire. Aujourd'hui encore, W. Ouchi propose une structure multidivisionnelle (11) qui assurerait la compatibilité entre une compétition nécessaire et une coopération indispensable ; face à la crise, des stratégies d'entreprises paraissent s'imposer mais combien d'entreprises ont échoué à vouloir à tout prix se diversifier ou s'internationaliser. Dans le domaine du management et des relations humaines également, les préoccupations de délégation, participation et innovation sociale, si elles sont légitimes d'un point de vue d'éthique personnelle, n'ont pas gagné à se répandre comme des recettes commodes : là encore, on n'a pas toujours mesuré les échecs d'un management participatif imposé.

Dans une approche culturelle, il n'existe plus de modèles à imiter mais une cohérence à maintenir. Une entreprise de services a échoué dans le domaine du fast-food malgré des études de marché très prometteuses parce que les pratiques de gestion de cette nouvelle activité n'étaient pas du tout compatibles ni cohérentes avec les pratiques de gestion qu'elle avait efficacement développées dans la restauration collective.

C. CULTURE ET IMMOBILISME

La culture n'est pas un état ; elle évolue en permanence parce qu'elle constitue un processus d'apprentissage continu de l'organisation. La réalité d'un patrimoine intangible ne signifie pas fossilisation. Comme la culture nationale, la culture d'entreprise n'est pas figée mais ses évolutions sont lentes ; nous préciserons dans la troisième partie de cet ouvrage ses possibilités d'évolution.

Disposer d'une culture forte n'impose pas l'immobilisme mais contraint le champ des évolutions possibles. Relever les traits dominants de sa propre culture n'empêchera pas de changer, mais limitera les opportunités de changement : c'est l'intérêt et la limite de la démarche.

La notion de culture s'oppose également à une idée répandue selon laquelle les organisations comme beaucoup d'autres réalités, subiraient un cycle inexorable allant d'une naissance brouillonne à une fin fatale. Ce « paradigme du cycle » sert à l'analyse de la vie des produits en marketing, à l'histoire des civilisations et beaucoup d'historiens en contestent d'ailleurs la validité.

En matière d'organisation, cette issue fatale peut flatter le bon sens mais n'est aucunement prouvée. Si l'on peut admettre que nos entreprises ne vivront pas éternellement, il n'est pas très sérieux

(11) Ouchi (W.), *op. cit.*

de spéculer sur les périodes du cycle. La culture se construit au fur et à mesure des réactions de l'entreprise aux situations nouvelles qu'elle rencontre.

LIMITES

A. RISQUE D'ENFERMEMENT

La cohérence peut conduire à agir de manière impertinente. Si la culture constitue un patrimoine à conserver et à célébrer régulièrement, elle devient un lieu d'enfermement qui bloque toute innovation et tout changement. On connaît des entreprises, voire des secteurs à culture très forte qui disparaissent par manque total d'adaptation : la volonté farouche de maintenir ce qui est considéré comme une identité incontournable conduit inéluctablement à l'échec.

B. RISQUE DE NOMBRILISME

Tout travail effectué avec la direction d'une entreprise sur la culture de l'organisation se termine souvent par cette remarque : à trop étudier sa culture, on tombe dans le nombrilisme. Il est vrai que les valeurs, l'histoire et le métier d'une entreprise génèrent un très fort attachement. En travaillant sur la culture, on justifie des actions passées, on reconstruit *a posteriori* une logique aux événements, on explicite le fondement de sa propre relation à l'entreprise et on exprime les liens affectifs tissés avec le temps. Cette démarche est assez valorisante et satisfaisante dans un premier temps.

Les aspects superficiels de la culture sont valorisants mais une démarche en profondeur telle que nous la décrivons plus loin est plus exigeante. Nous nous apercevrons qu'il est nécessaire de dépasser ce stade narcissique pour découvrir des traits de culture qui ne correspondent pas toujours à l'image idéale que l'entreprise se fait d'elle-même ou qu'elle veut diffuser à l'extérieur.

C. BONNE OU FORTE CULTURE

Les entreprises du *Prix de l'Excellence* ont une forte culture. Elles se caractérisent par un système de valeurs très prégnant sur les comportements et le mode de management. Elles fonctionnent en cohérence avec leur système de valeurs et sont même souvent très originales dans leurs décisions ou modes de fonctionnement.

On peut toutefois se demander si la seule force d'une culture est suffisante pour atteindre l'excellence. La France a connu récemment quelques catastrophes industrielles qui touchaient des entreprises à la culture très forte, marquée par l'appartenance à un métier, l'adhésion à des valeurs professionnelles, régionales et organisationnelles. Les expressions très largement attribuées de « grande dame », « forteresse » inspirent le respect mais ne symbolisent pas toujours l'efficacité.

L'entreprise doit plutôt disposer d'une culture « bonne » (12) qui lui permet de faire face aux problèmes d'adaptation à son environnement et d'intégration interne. Ainsi on peut envisager que la culture d'une entreprise constitue pour elle une aide ou un obstacle à la résolution de problèmes nouveaux auxquels elle se trouve confrontée. Le challenge n'est donc pas de construire ou développer une culture, c'est de la rendre performante (13).

---

(12) Thévenet (M.), *La culture d'entreprise en neuf questions,* Revue française de Gestion, n° 47-48.

(13) Lemaitre (N.), *La culture d'entreprise : facteur de performance,* Revue française de Gestion, n° 47-48.

CHAPITRE 2

LA CULTURE D'ENTREPRISE

La presse d'affaires se fait souvent l'écho des préoccupations culturelles des entreprises, des contraintes ou opportunités de leur culture, du milieu culturel dans lequel elles interviennent. Le même mot s'utilise largement mais jamais avec le même sens, car on mêle trois niveaux différents :

— la culture d'un milieu dans lequel opère l'entreprise ;
— les sous-cultures de l'entreprise ;
— la culture de l'entreprise enfin, prise comme entité, groupe social à part entière, aux frontières bien délimitées.

Quand on parle de culture des entreprises japonaises, c'est la culture japonaise qui est en jeu ; bien souvent, c'est fréquemment la culture de leurs seuls dirigeants qui fait fonction de culture d'entreprise.

La culture de l'entreprise *stricto sensu* ne peut s'isoler des deux autres niveaux avec lesquels elle se trouve en étroite interaction. La culture ambiante, mais aussi les sous-cultures influent sur la culture de l'entreprise et doivent être envisagées comme telles.

2.1. LA CULTURE EXTERNE

La culture est celle du milieu national, régional, local. Toutes les approches actuelles de management se réfèrent au management japonais ; on dit que le milieu favorise ce type de relations entre un individu et son entreprise et le management qui en découle.

L'environnement local ou régional joue aussi ; des études ont été réalisées pour déceler des proximités entre les caractères culturels régionaux et l'adaptabilité à tel ou tel type d'industrie ; les historiens multiples de Michelin (1), Pont-à-Mousson (2), Schlumber-

(1) Jemain (A.), *op. cit.*
(2) Martin (R.), *Patron de droit divin*, Paris, Gallimard, 1984.

ger (3) insistent tous sur les valeurs locales qui transparaissent en deçà du mode de fonctionnement de ces entreprises et de leur développement.

Ces influences ne ressortissent pas uniquement de valeurs locales mais aussi de caractères socio-culturels de l'époque voire philosophiques. Valeurs actuelles des différents pays, origines du fondateur sont autant d'influences culturelles externes.

A. Au-delà d'un simple sentiment de différences culturelles, on a essayé de distinguer le plus finement possible quel est le contenu de ces caractères culturels externes. Brilman (4) nous en donne un bon exemple en comparant France et Japon dans leur façon d'appréhender l'individu, le groupe, la hiérarchie, la société, la religion.

— Dans ces approches, l'objet d'étude est la culture japonaise ou française dont on espère déduire des caractéristiques utilisables dans une partie particulière de la société : l'entreprise.

JAPON	FRANCE
— le groupe prime l'individu, — respect des nuances hiérarchiques, — chef-médiateur, paternel, — homogénéité idéologique de la société.	— l'individu seul compte, — respect limité de la hiérarchie, — chef distant et image d'exception, — hétérogénéité idéologique de la société.

Extrait de Brilman, p. 271.

B. D'autres études de la même veine s'attachent à relever des données d'entreprises dont on va extraire des différences selon les origines nationales. Le point de départ n'est plus la culture du pays mais généralement des perceptions venant d'entreprises de pays différents. Griffeth (5), par exemple, compare les attitudes et perceptions de 1 768 managers de 15 nations occidentales. Nous développerons plutôt en guise d'exemple une étude internationale menée par Geert Hofstede (6). L'hypothèse de Hofstede consiste à dire que

(3) Auletta (K.), *Une réussite sans frontière,* Paris, Édition Magazine, 1984.

(4) Brilman, *Modèles culturels et performances économiques,* Hommes et Techniques, Paris, 1982.

(5) Griffeth (R.W.), Hom (P.W.), de Nisi (A.S.), Kirchner (W.K.), *A Comparison of Different Methods of Clustering Countries on the Basis of Employee Attitudes,* Human Relations, vol. 38, n° 9, 1985, pp. 813-840.

(6) Hofstede (G.), *Motivation, Leadership, and Organization : Do American Theories Apply Abroad ?,* Organizational Dynamics, Summer 1980.

motivation, leadership et structures d'organisation dépendent fortement des cultures de chaque pays. Pour le démontrer, il dresse une liste des dimensions permettant d'apprécier et de mesurer la culture :

— La « distance de pouvoir » : à une extrémité on trouve une grande difficulté à accepter l'inégalité de pouvoir dans les organisations qui s'oppose à une plus grande acceptation de l'ordre.
— La réaction à l'incertitude, c'est-à-dire la plus ou moins grande tolérance des situations incertaines.
— Une dimension d'individualisme/collectivisme.
— Une dimension — utilisée parfois dans les tests de personnalité — de masculinité/féminité, ces deux termes correspondant à un certain nombre de valeurs considérées comme « masculines » dans une société (affirmation de soi, acquisition de biens, opposés au souci des autres et à la qualité de la vie).

Le chercheur tente ensuite de mesurer les valeurs et croyances de salariés appartenant au même groupe dans 40 pays différents. Après avoir caractérisé chacun des pays, il tente de voir si les théories du management développées dans un pays donné sont transposables dans un autre contexte culturel. On s'aperçoit ainsi que des thèmes de management comme l'enrichissement du travail, se déclinent différemment selon la conception que l'on se forme de la nature humaine ; sur le plan des structures, Hofstede remarque que les Français la conçoivent comme une pyramide alors que les Allemands imaginent la formalisation sans la centralisation.

Dans cette étude, l'intérêt est double :

— faire apparaître des dimensions opérationnelles des zones de particularisme culturel ;
— discuter des fondements culturels des théories du management et donc de leur relativité.

Dans cette même perspective, un groupe de consultants français intervenant dans le domaine du développement des organisations s'est demandé quels seraient les caractères de la culture française dont on devrait tenir compte pour développer des outils de management adaptés « culturellement ».

J.-L. Vachette (7) a résumé les conclusions de leurs travaux en développant le paradoxe de cette culture où coexistent deux tendances apparemment contradictoires :

— un très grand formalisme présent dans les notions de cartésianisme, symétrie, centralisation, droit écrit, etc. ;
— un désordre important, sous-jacent dans les notions de débrouillardise, système D, individualisme, etc.

L'hypothèse permettant de dépasser ce paradoxe revient à pen-

---

(7) Vachette (J.-L.), *Le modèle français du changement,* Revue française de Gestion, n° 47-48.

ser que notre français a besoin de structures, notions, institutions figées pour pouvoir développer son propre jeu par rapport à elles. G. Hofstede dirait que ce ne sont pas là les meilleures conditions de la négociation.

Cette hypothèse semblait confirmée par quelques expériences d'innovation managériale qui ont nécessité une très forte formalisation des règles et rôles de chacun afin que chacun entre dans le jeu du changement.

L'étude des valeurs socioculturelles éclaire également l'environnement « culturel » des entreprises. Les Français apprendront qu'ils se distinguent de leurs amis européens (Stoetzel [8]).

— Sur le plan de la morale les Français croient sensiblement plus que leurs amis européens :
  que les hommes ne sont pas fondamentalement bons,
  que les autres ne respectent pas le Décalogue,
  qu'on ne peut pas faire confiance aux autres,
  que l'entraide a diminué.
— Sur le plan des vertus, ils ont plus tendance à considérer que les traits suivants sont des vertus :
  l'application au travail,
  l'altruisme,
  l'esprit d'économie,
  la politesse.
— Toujours sur le plan des vertus, ils ont moins tendance à considérer que les traits suivants sont des vertus :
  les bonnes manières,
  l'obéissance,
  le sens du commandement.
— Sur le plan de la permissivité, les Français s'avèrent moins sévères que leurs amis européens à propos du délit de fuite après un accrochage sur un parking, d'une fraude à la Sécurité sociale, d'une rébellion contre la police, de la corruption, de l'assassinat politique.

On peut émettre beaucoup de réserves quant à l'utilisation de ces études pour une entreprise ; ce sont des études sociologiques qui ne donnent que des tendances du cadre dans lequel se trouve l'entreprise.

Toutes ces théories ou opinions aident à la réflexion parce qu'elles sont le fruit d'études et de constatations à visée généralisatrice ; à chacun de déceler le poids de ces variables de culture externe dans le fonctionnement de son entreprise.

---

(8) Stoetzel, *Les Valeurs du Temps Présent,* P.U.F., Paris, 1984.

2.2. L'ENTREPRISE DES SOUS-CULTURES

L'entreprise est aussi un rassemblement de sous-cultures correspondant à des groupes sociaux qui la composent : les ouvriers professionnels, les compagnons, les femmes, les dirigeants peuvent former des cultures très différenciées qui cohabitent au sein de l'organisation.

Les travaux de Sainsaulieu (9) sont certainement en France les plus intéressants sur cette notion. Pour lui, l'entreprise est un tissu de sous-groupes qui possèdent leurs modes de représentation, leur propre relation au travail et à l'entreprise, leur façon d'envisager la vie dans l'organisation, leurs perceptions et leur patrimoine commun d'expériences et d'analyses de ces expériences.

Pour notre problématique de culture d'entreprise, ces études révèlent une extrême rigueur méthodologique d'observation participante et d'entretiens menés sur toutes les populations de l'entreprise. Ainsi, la culture se fonde-t-elle sur une base de matériaux considérables permettant de tester et de valider les hypothèses construites sur les modes de représentation des acteurs.

En second lieu, les sous-cultures ne sont pas construites *a priori* ; elles résultent d'une observation qui a permis de grouper les acteurs selon leurs modes de représentation communs. Elles concernent ouvriers, agents de maîtrise ou employés. G. Jouffroy avait souligné ces différences de discours et d'appréhensions de la réalité entre les ingénieurs et les ouvriers professionnels par exemple (10).

En troisième lieu, l'existence de ces sous-cultures possède une valeur pédagogique en soi : tout groupe humain se constitue naturellement un ensemble de normes et de règles, un patrimoine d'expériences communs, d'actions, de réponses aux événements qui lui forgent une approche relativement unifiée de la réalité.

La culture n'est donc pas qu'un ensemble de signes folkloriques dont s'affuble une organisation, mais bien le résultat d'un processus de création, de test, voire de sélection de normes et de façons de faire. Si les références familiales et paternelles reviennent quand on l'évoque, c'est que le groupe primaire que forme la famille donne une image claire de cet ensemble de visions partagées, patrimoine tacite de principes et règles d'action qui s'imposent naturellement quand un membre se trouve confronté aux situations qui concernent le groupe.

---

(9) Sainsaulieu (R.), *L'identité au travail,* Paris, Presses de la Fondation nationale des Sciences Politiques, 1977.
Sainsaulieu (R.), *Renouveau des cultures d'entreprise,* Projet n° 183, mars 1984.

(10) Jouffroy (G.), *Savoir-faire, compétences, identité,* Revue française de Gestion, n° 47-48.

La culture est, en effet, plus évidente pour des groupes restreints. Comme le souligne P. Lacroix (11) « ces cultures communautaires... sont anthropologiquement liées à l'existence de groupes restreints. Elles s'incarnent dans les bureaux, les ateliers, les laboratoires, qui constituent un cadre de vie relativement petit, dans lequel travaillent quelques personnes, influencées ensemble par un certain nombre de facteurs naturels et familiers ».

La culture a donc besoin pour se développer d'un cadre réduit, de frontières précises ; chacun des membres doit avoir la possibilité de tester son existence en interagissant avec l'ensemble et en maîtrisant les actions qui se mènent (12).

En quatrième lieu, l'existence de sous-cultures n'a pas été programmée par la direction de l'entreprise et n'est pas une conséquence d'un éventuel projet d'entreprise. Il se développe dans toute organisation des processus qui ne sont pas pilotés ni maîtrisés et dont les logiques n'ont pas forcément de relation directe avec des stratégies internes à l'entreprise (les sous-cultures de retrait par exemple).

En cinquième lieu, l'existence de sous-cultures révèle que dans le patrimoine des cultures de l'organisation, on retrouvera celle des dirigeants et toutes les autres. La culture d'entreprise n'est pas celle de ses dirigeants, même si celle-ci est très importante.

L'opposition entre ces cultures de dirigeants et les autres cultures de l'organisation sera une donnée d'audit intéressante.

En sixième lieu, ces sous-cultures rassemblent des individus dont les points communs ne sont pas ceux qui classent habituellement les acteurs d'une entreprise. On peut donc essayer de distinguer quelques variables qui regroupent des salariés d'une même entreprise dans des perceptions communes de la réalité :

— **La formation**
Beaucoup de sociologues en France ont analysé le rôle des liens de corps ou d'école dans les grandes entreprises françaises. Il est de notoriété publique que certaines organisations n'acceptent dans leurs sphères dirigeantes que des personnes issues de la même formation. Des cultures techniciennes, gestionnaires, caractérisent les dirigeants — et modes de direction — des entreprises.

— **Attitude par rapport au travail**
L'étude de Sainsaulieu le montre très bien ; des groupes se forment dont le mode d'appréhension de la réalité dépend de l'attitude de ses membres par rapport au travail : intérêt « techni-

(11) Lacroix (P.), *Culture de l'entreprise et culture communautaire des groupes,* Direction et Gestion, n° 3, 1983.

(12) Thévenet (M.), *L'absentéisme et la gestion du personnel en milieu bancaire : l'importance de la gestion des groupes humains,* thèse de doctorat de 3e cycle en Sciences de Gestion, Aix-Marseille 3, décembre 1981.

cien » d'enrichissement de son expérience, moyen de survivre tout en conservant ses investissements personnels majeurs à l'extérieur de l'entreprise, attachement à un groupe restreint plutôt qu'à l'entreprise, attachement à une activité, un produit ou la maîtrise d'une technologie.

— **Localisation géographique**
Quand on parcourt les unités d'un grand groupe, on est souvent frappé par les caractères propres à chacune d'elles ; ce sentiment d'appartenance est d'autant plus fort que les politiques et évolutions du groupe ne sont pas toujours connues ni comprises et qu'une activité, une histoire commune, une implantation locale renforcent la perception d'un sort commun.

— **Une histoire commune**
Les fusions ou rapprochements d'entreprises laissent souvent des marques très profondes. Des groupes se forment avec des acteurs qui ont eu une participation commune à certains événements.

2.3. LE LIEU DE LA CULTURE D'ENTREPRISE

Deux niveaux de culture encadrent ce que nous définirons comme la culture d'entreprise :

— Une culture extérieure à l'entreprise, nationale, régionale, faite de valeurs, de perceptions communes, d'approches semblables de la réalité.

— Des cultures internes à l'entreprise issues de mécanismes de groupe, pertinentes pour comprendre des sous-populations qui constituent l'entreprise. Ces sous-cultures ne sont pas forcément cohérentes entre elles et, *a fortiori,* avec l'image diffusée de la culture de l'entreprise.

Le niveau de *Culture d'entreprise* ne va concerner que le groupe social qui s'inscrit dans les frontières de l'entreprise.

1 — Il y a évidemment un lien entre la culture de l'entreprise et ces deux autres niveaux de culture que nous avons explicités. C'est-à-dire que l'auditeur de culture va rechercher dans la culture externe et les sous-cultures des éléments lui permettant de cerner les traits dominants de la culture.

2 — Appartiendront à la culture des traits qui fédèrent l'ensemble de l'entreprise. Cela signifie que les traits de la culture ne concerneront que des principes généraux ou des conceptions générales de la réalité de l'entreprise. Cela ne signifie pas que 100 % des membres de l'entreprise réagissent de la même manière à ce qui s'avèrera appartenir à la culture de l'entreprise. La culture sera faite de tendances fortes qui sont repré-

sentatives. Cela signifie aussi que le critère d'appartenance au patrimoine de la culture ne se mesure pas seulement au taux d'accord des différents membres de l'organisation, mais aussi à l'impact de la caractéristique culturelle sur le fonctionnement de l'organisation.

Pratiquement une procédure d'évaluation des résultats ou un mode de relations sociales peuvent être des traits culturels, même si toute la population n'est pas d'accord parce que c'est un symbole, par exemple, de la conception de la personne qui prévaut dans l'entreprise.

3 — Ce qu'il y a de commun à toutes les approches de développement de la culture d'entreprise, ce n'est pas de nier les sous-cultures mais de créer d'autres lieux de reconnaissance et de représentations communes, au niveau de l'entreprise dans son ensemble.

Sur cette base, plusieurs stratégies peuvent se construire : contrebalancer les sous-cultures existantes ou fédérer ce que celles-ci ont éventuellement en commun.

4 — La culture est celle de l'entreprise et non celle de quelques-uns, fussent-ils les dirigeants. On ne va pas nier la culture des dirigeants dont l'impact est considérable pour le fonctionnement de l'entreprise, mais ce ne doit en être qu'un des éléments. Ce point s'avère constituer une exigence très forte pour les méthodes d'audit de la culture que nous évoquerons plus loin.

2.4. LES CONTOURS DE LA CULTURE D'ENTREPRISE

La culture d'entreprise recouvre des réalités très diverses. Tracer le cadre de ces différences permet déjà au lecteur de saisir les contours du domaine de l'audit.

L'ENTREPRISE *A* OU *EST* UNE CULTURE (13)

Dans la première formulation, elle disposerait d'une culture comme d'autres patrimoines, d'un autre sous-système du système global, d'une des variables pertinentes de l'analyse organisationnelle. Dans la seconde formulation, l'entreprise serait une culture, fonctionnerait comme une culture : la culture en constituerait alors un mode de description.

---

(13) Smircich (L.), *Concepts of Culture and Organizational Analysis,* Administrative Science Quarterly, septembre 1983, n° 28.

A. L'ENTREPRISE *A* UNE CULTURE

La culture est un sous-système comme les technologies, les structures, les produits, les hommes. *Le Prix de l'Excellence* adopte cette approche quand il décrit les fameux « S » et complète les analyses systémiques de l'organisation en intégrant ce sous-ensemble nouveau.

Dans un premier temps, il faudra le décrire et dans un second temps, dégager les liens entre ce sous-système et les autres : culture et technologie, culture et structures, etc.

La notion de « corporate culture » telle que la décrit Bosche (14) en reprend les diverses composantes :

— des valeurs : c'est ce que l'entreprise estime être le bien ou le mal (voir *infra*). Une étude rapide des systèmes de valeurs déclarées fait apparaître leur grande proximité d'expression : ce sont les relations entre entreprise et individu, la conception du client, de la qualité, les liens entre organisation et environnement, etc. ;

— des rites qui célèbrent des événements marquants, des moments critiques chargés de sens (évaluation des résultats, mise en scène de la compétition ou de la coopération internes, etc.) ;

— des symboles : qu'ils soient matériels ou verbaux, ils résument un sens que l'organisation estime important et représentatif de ce qu'elle croit être l'entreprise, ses modes de fonctionnement ou son identité ;

— des mythes : il existe dans chaque entreprise des mythes qui rappellent un événement important, réel, enjolivé ou purement légendaire.

Pour les auteurs de la « corporate culture », la culture est cet ensemble de matériaux qui caractérise la personnalité, l'identité d'une entreprise. Ils aident à mieux comprendre les autres sous-systèmes puisqu'ils en donnent une sorte d'évaluation : les mythes autour de la réaction d'un fondateur à un grand événement constitueront une référence pour comprendre tel aspect de la structure ou des procédures.

Cette forme de la culture permet de sensibiliser une population ou une entreprise à l'existence de ces curiosités d'entreprises. Depuis quelques années, cette prise de conscience se fait, et dans les discours ou ouvrages récents publiés dans le domaine de culture, on donne un sens plus achevé au concept.

---

(14) Bosche (M.), *Corporate Culture » : la culture sans histoire,* Revue française de Gestion, n° 47-48.

B. L'ENTREPRISE *EST* UNE CULTURE

Adopter cette perspective ne change pas grand-chose au contenu de la culture ou du moins aux matériaux de base sur lesquels va travailler l'auditeur, mais l'utilité du concept s'en trouve complètement transformée.

Le verbe « être » signifie essentiellement :

— que l'on passe d'une analyse classique de l'organisation à l'aide de concepts d'analyse-système ou d'approches fonctionnelles à une démarche anthropologique ou ethnologique qui prend la place, sous les lunettes du chercheur, d'une tribu lointaine ou d'une communauté quelconque ;
— que l'on ne propose pas une illustration de ce que l'on sait être les variables classiques de l'organisation : on veut proposer véritablement un autre mode de description de l'organisation.

Autrement dit, il y a derrière ce changement de verbe, une volonté de changer de grilles d'interprétation de l'entreprise et de méthodes de collecte de l'information.

Actuellement, les travaux pratiqués sur la culture d'entreprise ressortissent plutôt de cette conception.

Trois perspectives se dégagent :

☐ PERSPECTIVE COGNITIVE

On s'attache à dégager la connaissance commune utilisée par les membres de l'organisation pour percevoir, classer, analyser des phénomènes, des comportements.

On considère que l'individu, face à une situation, va puiser dans une réserve d'indices, de savoirs, d'expériences qu'il a constituée et qui l'aide à faire face, à décider, à analyser, à se comporter.

La meilleure illustration vous est donnée quand vous travaillez avec des chefs de produits ou des directeurs d'usine qui approchent tous les problèmes que vous leur soumettez en exploitant ces réserves dont ils ne soupçonnent pas toujours l'originalité et la relativité.

Très souvent les classements, typologies ou grilles d'entreprises mettent en valeur ces patrimoines ; ce sont :

— des façons de faire,
— des modes de gestion,
— des façons d'aborder le marché et la concurrence,
— des valeurs reconnues.

Ainsi le classement en entreprises entrepreneuriales, scientifiques et humanistes distingue entre ces patrimoines d'expériences et de capacités d'approche des problèmes.

☐ PERSPECTIVE SYMBOLIQUE

On s'attache ici à déterminer comment les membres de l'organisation ont été amenés à partager un sens commun de la réa-

lité, comment l'expérience acquise est devenue pertinente et riche de sens pour eux. Plus que l'organisation elle-même, c'est le processus par lequel des gens en viennent à partager une vision commune qui devient l'objet d'étude.

Les « historiettes » d'entreprise (15) illustrent cette perspective. Dans toute entreprise, des histoires circulent à propos de la direction, des faits et gestes du président, d'une activité, d'un job particulièrement difficile ou risqué qu'a réussi l'entreprise. C'est un matériau intéressant parce que ces histoires sont très largement diffusées, connues, et qu'elles sont porteuses d'un sens commun ; on peut se demander comment elles passent le cap de la sélection — voire de l'enluminure — qui les conduira à la postérité. Elles ont aussi vocation à être uniques mais on les retrouve d'une entreprise à l'autre avec une fréquence qui défie la loi du hasard.

Des chercheurs se sont donc posé la question de leur valeur.

Chez IBM, par exemple, on confie un job à une jeune femme dont le mari avait été envoyé à l'étranger ; elle est chargée de s'assurer du port du badge obligatoire pour entrer dans certaines zones de haute sécurité. Entouré de son staff habituel, en chemises blanches à manches courtes, le président s'approche de l'entrée avec un badge valable pour toutes les installations sauf cette zone spéciale. La jeune femme raconte qu'elle tremblait mais elle lui dit que même si elle savait qui il était, elle ne pouvait le laisser entrer. Quelqu'un s'étonna mais le président leva la main et demanda à quelqu'un de lui chercher un badge.

D'autres histoires célèbres mettent en scène un président dans une situation qui n'est pas totalement conforme à son statut ; certaines racontent comment l'entreprise a réussi à faire face à un terrible défi apparemment impossible ; on raconte ce qui s'est passé en situation de licenciements, comment l'entraide a joué ; on se rappelle le solde d'un conflit entre un supérieur et un subordonné dont l'erreur s'était finalement avérée salutaire pour l'entreprise.

Il existe toujours trois niveaux d'analyse de ces histoires :

- les précisions fines qui émaillent le texte : elles concernent des signes souvent intéressants : vocabulaire, habillement, réactions qui authentifient l'histoire auprès de ses destinataires (cf. la chemise blanche de l'histoire d'I.B.M.) ;
- le message diffusé : c'est une marche à suivre pour l'entreprise ; c'est une réaction du président à imiter ;
- la structure du contenu de ces histoires.

Les histoires semblent toujours construites autour de dualités émanant d'exigences contradictoires entre des valeurs individuelles et des contraintes organisationnelles :

---

(15) Martin (J.), Feldman (M.S.), Hatch (M.J.), Sitkin (S.B.), *The Uniqueness paradox in organizational stories,* A.S.Q., sept. 1983, n° 28.

— *Égalité/inégalité*
Nos sociétés privilégient l'égalité entre leurs membres alors que les situations organisationnelles imposent, avec leurs hiérarchies, un système d'inégalité. Ces histoires donnent des exemples de conflits entre ces deux exigences contradictoires : c'est le président, maître des règles, qui se trouve dans l'obligation de les appliquer, qui, lors d'une grève de ses réparateurs du téléphone, se retrouve en salopette à réparer l'installation de son club privé...

— *Sécurité/insécurité*
L'individu recherche légitimement la sécurité dans des organisations qui ne sont pas toujours aptes à la lui donner. L'histoire raconte comment se solde cette opposition : c'est le remplacement d'un licenciement par une dimunition des salaires dans un exemple d'histoire.

— *Contrôle/manque de contrôle*
On doit être maître de son destin, l'entreprise fait tout pour maîtriser son avenir, son activité, son environnement. Pourtant, dans certains cas, elle se retrouve face à des défits qui la remettent en cause ; dans les bonnes histoires, elle parvient à les surmonter.

Ces histoires sont-elles utiles si elles appartiennent à des types universels et se répètent avec le même scénario et la même conviction d'une entreprise à l'autre ?

— Elles sont importantes parce qu'elles existent et qu'à travers elles, une organisation estime pertinent de continuer à diffuser un message.
— Ce n'est pas leur contenu qui importe mais leur existence, leur objet.
— Leur message se situe, non pas dans la scène qu'elles relatent, mais dans la façon dont se traite le conflit entre ces dualités.
— Leur réalité importe peu mais le fait de leur avoir donné statut de symbole est pertinent.

☐ PERSPECTIVE SCÉNARIQUE

On s'attache à découvrir quels sont les scénarios sur lesquels vit l'organisation et qui structurent toute son histoire depuis sa création.

Cette perspective est issue des applications à l'organisation de l'analyse transactionnelle et, en particulier des concepts de Berne (16). Un fondateur imprime sur son organisation (J.-P. Quazza [17]), un ensemble de messages dans des modèles qui

(16) Berne (E.), *Que dites-vous après avoir dit bonjour ?*, Tchou, 1977, Chandezon (G.), Lancestre (A.), *L'Analyse Transactionnelle*, P.U.F., 1982.

(17) Quazza (J.-P.), *Les Scenarii d'entreprise*, Revue française de Gestion, n° 47-48.

structurent tout son développement futur exactement comme les messages transmis inconsciemment par les parents façonnent les logiques profondes de la vie de leur enfant.

Dans cette perspective, une très grande importance est donnée au rôle des fondateurs et à l'histoire de l'entreprise. L'accent est également mis dans la recherche de logiques structurantes qui fondent son fonctionnement.

A travers ces trois illustrations, la culture prend une dimension beaucoup plus globalisante :

— c'est un ciment qui relie l'ensemble des composantes de l'entreprise ;
— c'est une explication fondamentale de ce qui s'y déroule ;
— c'est le produit d'une histoire et pas seulement un instantané ;
— c'est un patrimoine de savoir-faire, façons d'agir et de penser, visions communes ;
— c'est un mode de description de l'organisation.

C. UNE DESCRIPTION OPÉRATIONNELLE DE LA CULTURE

Toutes ces acceptations du concept de culture dessinent les contours du champ de l'audit mais ne donnent pas de définition opérationnelle de la culture d'entreprise. La trame de la définition de Schein (18) fournit les pistes d'une future méthode d'audit.

☐ LA CULTURE EST UN ENSEMBLE DE CROYANCES ET HYPOTHÈSES FONDAMENTALES

La culture comprend un ensemble de valeurs, connaissances, perceptions communes mais aussi et surtout, des hypothèses fondamentales. Cette dernière notion est la plus importante. Elle représente des connaissances de départ pour agir, analyser et décider. Les membres de l'organisation ne perçoivent pas toujours le sens de ces hypothèses : ils les considèrent comme des vérités premières. La culture part donc de l'idée que toute activité humaine dans un cadre organisé ne s'impose pas naturellement, quel que soit le système, mais découle d'hypothèses.

☐ PARTAGÉES PAR LES MEMBRES D'UNE ORGANISATION

Ces croyances et hypothèses sont partagées, elles sont communes à un ensemble de personnes ; ce partage est le critère de leur appartenance à la culture.

---

(18) Schein (E.H.), *The Role of the Founder in creating Organizational Culture,* Organizational Studies, summer 1983.

Schein (E.H.), *Organizational Culture and Leadership,* San Francisco, Jossey-Bass, 1985.

☐ ELLES OPÈRENT DE FAÇON INCONSCIENTE

Les membres de l'organisation n'ont pas forcément conscience que c'est la culture qui opère et non les méfaits ou mérites de la bureaucratie. Si ce mode de contrôle semble expliquer complètement le fonctionnement de l'organisation, l'utilité de la grille de lecture culturelle ne s'imposera pas. Nous sommes bien dans la perspective du paradigme de Kuhn (19) pour lequel le changement du paradigme intervient si les modes explicatoires existants ne suffisent plus à expliquer les nouvelles situations.

Ce sont des réponses apprises aux problèmes d'adaptation à l'environnement et d'intégration interne qui se sont posés à l'organisation.

Ces croyances et hypothèses ne viennent pas de nulle part ou ne sont pas le fruit du hasard. Elles ont permis à l'entreprise, qui en a fait un apprentissage, de faire face aux problèmes classiques et permanents de toute organisation.

☐ ELLES ONT PERMIS DE RÉSOUDRE DES PROBLÈMES ET EN RÉSOLVENT ENCORE

Ces croyances et hypothèses fondamentales fonctionnent toujours. Ce ne sont pas des modes de résolution révolus : la culture n'est pas qu'un souvenir de modes opératoires efficaces jadis.

☐ ELLES DOIVENT ÊTRE TRANSMISES AUX NOUVEAUX

C'est ce que l'entreprise estime devoir transmettre aux nouveaux arrivants pour réaliser leur intégration. Ce moment de transmission donne à la culture une plus forte allure du patrimoine.

---

(19) Kuhn, *op. cit.*

CHAPITRE 3

LES UTILISATIONS DE LA CULTURE D'ENTREPRISE

Aux séminaires actuellement organisés sur la culture d'entreprise se côtoient des directeurs généraux, des responsables de personnel, des directeurs opérationnels et des cadres fonctionnels. Le gestionnaire se convainc de l'utilité de la culture mais, surtout, il en ressent quotidiennement le poids dans ses activités : communication, gestion du personnel ou management se fondent sur les traits fondamentaux de la culture de l'entreprise mais aussi :

- l'élaboration d'un Projet d'entreprise repose sur une maîtrise de la culture (cf. partie 3) ;
- le choix d'activités, de produits en dépendent comme le montre très bien la Théorie Z (1) ;
- l'élaboration d'un système de contrôle budgétaire et sa mise en œuvre sont fonction du système de valeurs ;
- un changement technologique doit s'effectuer en fonction de l'équilibre social de l'entreprise.

3.1. COMMUNICATION

Les entreprises raisonnent aujourd'hui en termes de communication ; communiquer est un de leurs challenges permanents. Auparavant, la communication était réservée à des objets très limités de lancement de produits ou d'information du public. Tout un pan de

(1) Ouchi (W.), *La Théorie Z,* Paris, Interéditions, 1982.

l'information était obligatoire avec les rapports financiers aux actionnaires ou le bilan social. Elle était conseillée ou exceptionnelle dans le cas d'une attaque de l'entreprise ou d'un problème vis-à-vis des consommateurs par exemple : l'entreprise menait alors une campagne ciblée pour réparer son défaut d'image.

N. Pharoah (2) donne l'exemple des grandes brasseries anglaises dont les premiers représentants se sont posé un problème d'image à la suite de très nombreux rachats, fusions, regroupements de brasseries aux style et traditions divers. Les managers se sont trouvés dans une grande incertitude quant à leur rôle et leur action et c'est alors qu'ils ont recherché leur identité parce qu'elle était perçue comme un moyen de sceller la cohésion de l'entreprise.

Sur un autre plan, la communication doit être une attitude pour l'ensemble des collaborateurs : elle est un facteur de leur efficacité.

Aujourd'hui, dit R. Martin (3), l'entreprise ne doit pas seulement vendre ses produits mais l'entreprise qui les offre ; elle doit gagner la confiance et la sympathie de ses clients, partenaires et collaborateurs. Selon les promoteurs de cette notion d'image (colloque de l'I.R.E.P. repris par la Revue française du Marketing, n° 92, 1983), les entreprises doivent affirmer leur « identité » dans l'esprit de leurs publics pertinents. Cette problématique est donc présentée comme une nécessité.

On s'est aperçu que si les effets d'une bonne notoriété étaient difficilement mesurables en situation normale, ils devenaient très importants en cas de problème majeur pour la société : en cas d'attaque des consommateurs ou d'« accidents » de production, l'entreprise résiste mieux si elle a acquis une forte notoriété : l'image constitue donc, a minima, une assurance contre d'éventuels problèmes futurs.

La communication a plusieurs supports : campagnes de publicité institutionnelle ou de publicité-produits, catalogues ou plaquettes présentant l'entreprise et ses activités, mais aussi logo, graphisme de la marque, papier à lettre, accueil sous toutes ses formes et pour tous les publics ou décoration des véhicules.

Les rapports annuels et l'information sur l'activité de l'entreprise sont moins spectaculaires mais très importants pour l'entreprise car ils s'adressent à des populations sensibles. La présentation et l'évolution des discours dans ce genre de publications constituent un véritable objet d'enquête en matière de culture. L'image de l'entreprise recouvre donc trois types de questions :

---

(2) Pharoah (N.), *Corporate images research in the brewing industry or From red revolution to country goodness in ten years,* Journal of the Market Research Society, vol. 24, n° 3.

(3) Martin (R.), *La publicité institutionnelle n'est pas un luxe !* Sentin (J.-L.), *Culture d'entreprise et communication institutionnelle,* R.F.G., n° 47-48.

— les signes matériels et visuels par lesquels le public reconnaît et différencie les entreprises ;
— les manifestations de chaque entreprise, dans la publicité, le sponsoring, etc. ;
— les attentes, attitudes et sentiments que se font les consommateurs sur la nature et la réalité de l'entreprise à travers son image.

Qu'elle soit volontaire ou obligatoire du fait de l'incertitude de la stratégie comme dans le cas des brasseries, la problématique d'image se fond avec l'interrogation sur ce que nous sommes, sur notre philosophie et système de valeurs. Une démarche de communication conséquente suivra donc une recherche sur l'identité et la réalité de l'entreprise.

La communication doit être globale : l'entreprise s'adresse à ses publics, ses fournisseurs ou clients évidemment mais aussi... ses salariés (si nous nous permettons, comme les hommes de communication, de les intégrer parmi les publics) :

— Les campagnes de publicité institutionnelle sont souvent destinées aussi bien au public qu'aux collaborateurs de l'entreprise. Elles signifient que l'entreprise s'intéresse à l'extérieur d'une part, et qu'on évalue l'écart entre la réalité perçue et ce qu'exprime la campagne d'autre part.
— La communication vis-à-vis de l'extérieur doit être cohérente avec ce qui se communique et se vit à l'intérieur. Une image ne se construit pas sur rien. Connaître son identité, sa culture est là encore indispensable.

Des sociologues (4) ont tenté d'opposer deux formes de communication : une communication « normale », émetteur-récepteur, et une « autocommunication » dans laquelle l'émetteur s'envoie des messages à lui-même. Les plans d'entreprise et projets, la presse d'entreprise, les challenges appartiendraient à cette forme particulière de communication où une organisation s'adresse à elle-même.

L'autocommunication poursuivrait trois buts :

— orienter les esprits,
— rechercher et affirmer des buts,
— générer l'enthousiasme.

L'autocommunication dans les organisations aurait moins pour but de guider l'action, de la rendre opérationnelle que de modifier sa façon de penser. La communication interne mais aussi les documents fondamentaux de la gestion de l'entreprise acquièrent donc un rôle mythique de réaffirmation permanente de l'existence de l'organisation, de référence, de mantra (4).

Communiquer, c'est d'abord se connaître, maîtriser son iden-

---

(4) Broms (H.), Gahmberg (H.), *Communication to self in organizations and cultures,* A.S.Q., n° 28, 1983.

tité afin de construire une politique d'image fondée ; communiquer sera aussi pour le consultant, une activité très représentative de la culture de l'entreprise : la culture réelle ou la culture idéale. Beaucoup de campagnes coûteuses échouent parce qu'elles n'ont pas fait cette différence.

3.2. GESTION DU PERSONNEL

La culture d'entreprise est si proche des hommes qui l'ont composée que la gestion du personnel doit beaucoup s'y référer.

— elle sous-entend une conception des rapports entre l'entreprise et la personne qui y travaille et le système de valeurs inclus dans la culture qui est un facteur de la relation ;
— dans ses techniques ou fonctions, elle intègre de plus en plus celle d'« acculturation », c'est-à-dire d'entretien et d'apprentissage de la culture.

A. LA RELATION ENTREPRISE-INDIVIDU

L'ensemble des techniques de gestion du personnel sont fondées sur une conception implicite des rapports qu'entretiennent l'entreprise et la personne. En s'autorisant un raccourci entre toutes ces approches, on peut distinguer trois principales tendances de recherche mais aussi d'intervention dans les entreprises.

En premier lieu, nous nous sommes intéressés à des questions de motivation du personnel, puis de satisfaction et enfin d'implication. Aujourd'hui, cette volonté d'impliquer le personnel s'appelle aussi mobilisation (5).

La *motivation* est une notion issue de l'École des Relations Humaines dès la 2e guerre aux États-Unis. Dans le terme même de motivation, on trouve l'idée de mouvement ; la motivation est dynamique, elle est la force intérieure qui pousse l'agent à travailler et à atteindre la performance. Taylor déjà envisageait l'existence de la motivation mais, pour lui, elle était unique et équivalente pour chacun, c'était l'argent. Avec l'École des Relations Humaines, l'individu au travail devient un être psychologique dont les motivations peuvent être multiples ; Maslow distinguera alors une hiérarchie de besoins que l'individu est poussé à satisfaire ; Herzberg opposera les facteurs motivants et démotivants.

---

(5) Peretti (J.-M.), *Un renouvellement des pratiques de gestion des ressources humaines,* R.F.G., n° 53-54, sept. 1985.

Dans toutes les tentatives d'utilisation de la notion de motivation, nous nous trouvons dans une relation :

ENTREPRISE ------------► INDIVIDU

dans laquelle c'est l'entreprise avec ses procédures et son mode de direction qui est censée pouvoir développer chez l'individu la dynamique du travail (6).

Chacun connaît les systèmes qui en ont découlé : systèmes de rémunérations incitatives, fixation d'objectifs, développement de la compétition. Si nous prenons l'exemple de la lutte contre l'absentéisme (7), aucun de ces systèmes n'a, en l'occurrence, prouvé une efficacité durable.

Historiquement, cette préoccupation a dominé quelques décennies de pensée managériale car les entreprises ont réalisé en très peu de temps une véritable révolution qui consistait à faire travailler dans de grandes unités des individus qui connaissaient jusqu'alors des groupes de référence de taille très réduite. Il s'agissait donc de l'expression du besoin de construire une nouvelle forme de socialisation.

Toutes les approches de la motivation au travail fonctionnent avec une hypothèse implicite très lourde selon laquelle les personnes doivent se motiver dans le travail et seulement dans le travail.

Malheureusement, ces assurances sont fortement ébranlées aujourd'hui, même si d'aucuns recherchent toujours infatigablement le graal de la motivation au travail, en s'affrontant à deux limites majeures :

— on a tout essayé ; rien ne paraît avoir d'effets indéniablement positifs ;
— on s'évertue à motiver des gens qui ont les moyens de le faire à l'extérieur de leur travail dans leur famille, les associations ou les loisirs ; l'entreprise n'est plus le seul lieu de socialisation.

La *satisfaction* au travail est la notion-clé des années 70. La motivation évoquait une dynamique, la satisfaction représente plutôt un état. Elle se veut liée à la productivité et à l'efficacité. L'amélioration des conditions de travail a été le domaine d'opérationnalisation primordial de ces théories : développer la satisfaction du personnel en améliorant les conditions de travail revenait à accroître l'efficacité de l'entreprise.

Là encore les études sur l'absentéisme (8) donnent une excel-

---

(6) Thietart (R.-A.), *La dynamique de l'homme au travail,* Paris, Les Éditions d'Organisation, 1979.

(7) Thévenet (M.), *L'absentéisme et la gestion du personnel en milieu bancaire..., op. cit.*

(8) Thévenet (M.), *op. cit.*

lente illustration de ces raisonnements. L'absentéisme devrait logiquement être la conséquence d'une insatisfaction au travail puisque ce dysfonctionnement est le type même de non-efficacité. Beaucoup d'études pratiquées sur des échantillons limités mais divers tendent à le prouver. Cependant une étude britannique (9) fournit des précisions très utiles à notre débat :

— en utilisant sur une même population plusieurs instruments de mesure différents de l'insatisfaction, on n'obtient pas les mêmes résultats ;
— rien ne permet de prouver d'autre part que l'insatisfaction au travail soit liée à l'absentéisme.

Ces théories de la satisfaction sont intéressantes ; elles correspondent à une époque où le bon sens veut que l'insatisfaction se traduise par une absence volontaire mais aussi que la satisfaction s'accompagne inévitablement de performance au travail. Or, est-il si aberrant de penser que la satisfaction peut aussi bien s'accorder avec une non-performance.

En effet aujourd'hui, les théories de la satisfaction font moins recette. Beaucoup d'expériences d'amélioration des conditions de travail, parfois ambitieuses (groupes semi-autonomes) se sont soldées par des échecs retentissants. Malgré leurs objectifs de responsabilisation, autonomisation ou enrichissement des tâches, les changements ne s'opéraient pas. Ces échecs pourraient au moins nous faire admettre que les seuls bons sentiments ne suffisent pas et que les idées généreuses sur le travail, si elles ont une légitimité éthique, ne peuvent faire l'économie de la complexité immense du fonctionnement des organisations.

Tout ce qui a été entrepris pour développer la satisfaction procédait de cette même logique d'une entreprise qui fait quelque chose à destination de ses salariés pour développer leur satisfaction :

ENTREPRISE ------------➤ INDIVIDU

Aujourd'hui deux limites à ces approches de la satisfaction :

— le lien entre satisfaction et efficacité ne flatte plus autant le bon sens ;
— on n'a plus les moyens d'augmenter cette satisfaction.

L'implication est une notion nouvelle. L'implication des salariés serait aussi un facteur d'efficacité car l'implication se définit comme une situation de cohérence, compatibilité ou adéquation entre la personne et le groupe — l'entreprise — dans laquelle elle travaille. La relation entre individu et entreprise n'est plus univoque : il y a inter-

(9) Nicholson (N.), Brown (C.A.), Chadwick-Jones (J.K.), *Absence from work and job satisfaction,* Journal of Applied Psychology, 1976, 61-6.

action entre individu et entreprise pour que se crée et se développe cette implication :

ENTREPRISE ←-----------→ INDIVIDU

Concrètement, ce n'est plus à l'entreprise de construire des systèmes pour développer cette implication, mais elle doit plutôt trouver le terrain d'entente et de compatibilité entre ces deux niveaux de systèmes de valeurs. Quelqu'un est impliqué dans la mesure où son succès personnel passe par la réussite de l'entreprise pour laquelle il travaille. Il ne peut donc y avoir implication qu'à l'intersection du système de valeurs de la personne, de sa propre perception du succès personnel et de sa conception d'elle-même avec le système de valeurs de l'entreprise et sa culture (10).

Porter et al. (11), définissent l'implication comme :

— une croyance et acceptation des buts et des valeurs de l'organisation ;
— la volonté d'agir dans le sens des missions et buts que l'organisation s'est fixée ;
— un désir très fort de maintenir sa participation à la vie de l'organisation.

Il faut distinguer deux aspects dans toutes les définitions de l'implication :

— un état : cohérence entre la personne et les buts et le système de valeurs de l'entreprise ;
— des conséquences : elles s'expriment en termes de quantité ou qualité de travail, présence, absence de mobilité.

Toutefois, l'implication n'est pas l'adhésion ou l'admiration béate du salarié pour son entreprise. Comme le décrit Holodis (12) l'implication semble être l'association pour le salarié d'une adhésion aux valeurs de l'entreprise mais aussi d'opportunités pour lui-même selon le tableau ci-dessous :

---

(10) Thévenet (M.), *La réforme d'une époque : l'expression des salariés,* Revue française de Gestion, n° 40, 1983.

(11) Mowday (R.T.), Porter (L.W.), Steers (R.), *Employee-Organization linkages,* Academic Press, 1982.

(12) Holodis, 1, rue de la Pépinière, 75008 Paris.

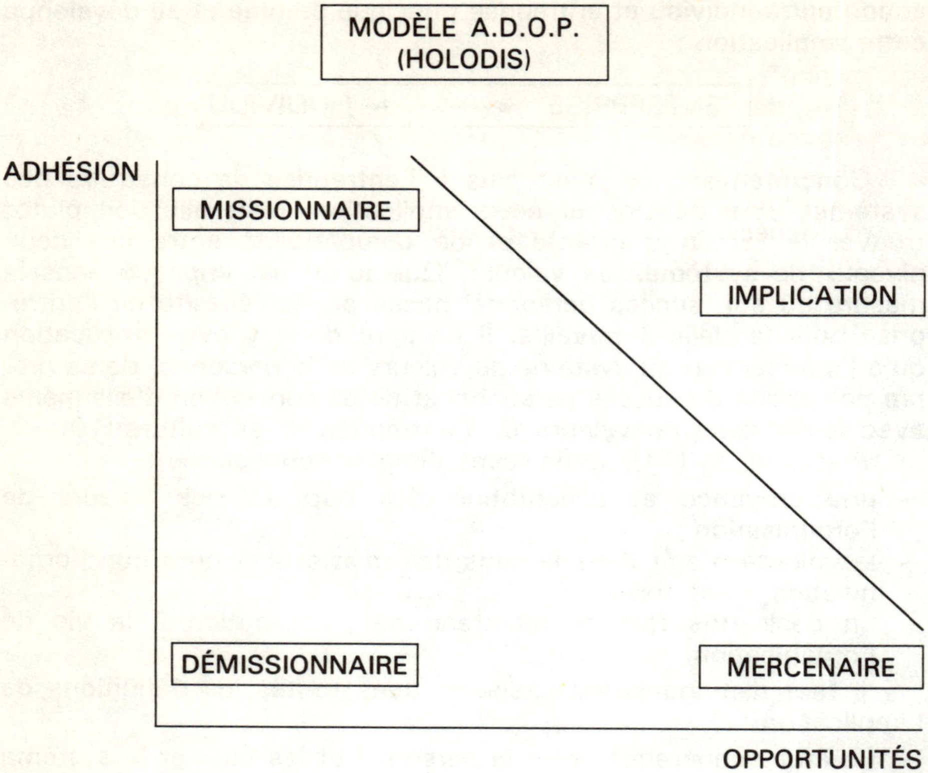

La zone d'implication se situe au-delà de la diagonale lorsqu'une certaine « dose » d'adhésion et d'opportunités sont réunies. En deçà de cette ligne critique, il existe trois positions remarquables :

— *Le missionnaire :* il se caractérise par une très forte adhésion aux valeurs de l'entreprise sans aucun souci d'opportunités. C'est par exemple le cas de jeunes ingénieurs ou de diplômés rejoignant des entreprises pour leur seule image séduisante. A cette position il est très probable de devenir aigri et de rejeter fortement le travail et l'entreprise en lui reprochant son ingratitude.

— *Le mercenaire :* il se trouve dans l'entreprise pour les opportunités qu'elle lui offre ; le mercenaire peut la quitter à la première meilleure proposition venue.

— *Le démissionnaire :* il n'a ni opportunités ni adhésion aux valeurs de l'entreprise ; peut-être a-t-il laissé échapper les premières et s'est-il déçu des secondes. Il fait, comme le dit René Robin (13), du « présentéisme contemplatif ».

---

(13) Robin (R.), *De nouvelles approches pour la motivation du personnel,* Personnel, septembre 1985.

Avec l'implication, c'est l'ensemble des rapports entre entreprise et individu qui évolue : l'entreprise n'est plus en position de « faire pour » mais plutôt de « faire avec ». Comme le décrit A. Bernard (14), dans cette logique de compatibilité de systèmes de valeur, la personne ne se trouve plus en position d'adaptation mais plutôt d'adhésion ou de... rejet. L'entreprise peut évidemment convaincre de la pertinence de ses valeurs, mais elle ne peut créer de toutes pièces l'adhésion ; elle peut évidemment affirmer des valeurs, encore faut-il que la réalité y corresponde.

Raisonner en termes d'implication c'est donc s'interroger sur la culture de l'entreprise, sur le réseau de valeurs qui en fonde le fonctionnement ; c'est aussi, comme nous allons le voir, développer des pratiques de gestion du personnel qui tiennent compte de cette culture.

	Motivation	Satisfaction	Implication
Époque	Années 30 École des R.H.	Années 60-70 Les 30 glorieuses	Années 80
Objectifs	Développer la performance individuelle.	Rémunérer la performance individuelle.	Développer le projet commun de l'entreprise.
Idées historiques de l'entreprise	Favoriser le travail collectif.	Compenser les difficultés du travail collectif.	Faire de l'entreprise un projet culturel.
Idée de l'individu dans l'entreprise	Domaine de la performance individuelle		Négociation-relation entre individu et entreprise.
Objectifs de l'entreprise	Économique	Social	Économique social culturel
Niveau des politiques	du personnel	du personnel	Général
L'entreprise veut développer	Sa performance à travers différentes motivations.	Le bien-être des salariés.	Opportunités + Adhésion.
Mots clés	Objectifs	Résultats	Projets

B. LES TECHNIQUES DE GESTION DU PERSONNEL REVISITÉES

Prenons simplement quelques exemples de pratiques de gestion du personnel pour montrer l'importance de considérations culturelles.

1 — Le recrutement

Le recrutement est une phase critique de la gestion du personnel dans cette période de crise.

(14) Bernard (A.), *Pour une lecture spectrale des pratiques de travail,* Document E.S.S.E.C.

— il n'y a pas toujours correspondance entre offre et demande d'emplois à une époque où les besoins en qualification évoluent rapidement sans que l'on puisse prévoir à temps cette évolution ;
— pour de nombreux postes le recruteur doit effectuer un choix entre des centaines de demandes et cherche donc des techniques toujours plus sophistiquées ;
— le coût d'un recrutement est important : non seulement pour la procédure elle-même mais surtout pour l'intégration du nouveau ; l'enjeu financier est considérable : dans le secteur informatique, certaines entreprises estiment à 600 000 F ce que coûte un vendeur recruté avant de pouvoir rapporter de l'argent (15).

Une entreprise du secteur de la pharmacie considère même que c'est l'investissement le plus important pour l'entreprise. Pour donner de la réalité à ses propos, elle demande à chaque postulant une liste de références (anciens collègues ou supérieurs, amis, etc.) et un membre de la direction du personnel rend visite à chacune de ces personnes pour parler avec elles du postulant. Imaginez le coût analytique d'un tel recrutement ! Il est bien évident que l'entreprise ne cherche pas à vérifier les compétences techniques de la personne, elle peut le faire au vu des diplômes et de tests éventuels. Elle s'intéresse au fameux « savoir-être » qui ne signifie ni plus ni moins qu'une compatibilité entre les valeurs de la personne et la culture de l'entreprise. Des postes vacants sont préférables à des recrutements non sûrs.

Le recrutement des cadres évolue dans le sens de cette cohérence entre culture et caractéristiques des personnes :
— engagement de plus en plus efficace des supérieurs hiérarchiques, dans les méthodes « assessment centers » ;
— intégration de jeunes étudiants durant leur scolarité afin de tester leurs capacités d'adhésion avant leur sortie de l'école ;
— incitation à la cooptation en essayant le plus possible de recruter amis ou connaissances afin de développer un mode de vie « clanique » comme nous le verrons plus loin ;
— « tests de culture » dans des entreprises où le recrutement constitue un parcours initiatique parsemé de tests, de provocations, de mises en situations critiques ;
— développement du rôle des chasseurs de têtes (16) dont la compétence s'étend au-delà des seuls postes de direction (et dans la mesure où ils essaient effectivement de jouer ce rôle) ;
— un apparent recul des tests compensé par un engagement plus important de l'entreprise et de ses responsables dans la procédure de recrutement.

---

(15) Ernoult (V.), Gruère (J.-P.), Pezeu (F.), *Le Bilan Comportemental,* P.U.F., 1984.

(16) Jouve (D.), Massoni (D.), *La culture d'entreprise et le recrutement,* R.F.G., n° 47-48.

2 — L'INTÉGRATION

Le processus d'intégration d'un nouveau recruté est un matériau très riche pour celui qui étudie la culture d'une entreprise. C'est au cours des premiers jours ou premières semaines de travail que l'entreprise transmet au nouveau ce qu'elle considère être les messages fondamentaux.

Les documents fournis aux nouveaux diplômés d'une grande banque nationalisée (17), par exemple, sont très révélateurs. Outre les 340 pages que comportaient ce mémento flanqué d'un aide-mémoire, trois grandes notions apparaissaient dans les textes, conseils et directives donnés aux nouveaux cadres :

— l'importance du règlement : structure, droit, procédures ;
— l'importance de l'écrit ;
— l'importance du secret.

Ces trois aspects sont bien déterminants de la culture bancaire.

Dans une filiale française d'une société d'informatique américaine, tout nouveau recruté suit un séminaire d'intégration au cours duquel, l'ensemble des règles de fonctionnement de la maison lui sont exposées mais, mieux, tout salarié se trouve confronté au comité de direction dans son ensemble qui répond à l'ensemble de ses questions et lui diffuse les valeurs du groupe.

Est-ce alors un trait de culture que l'intégration de nouveaux embauchés se limite à la lecture des premiers rapports volumineux qu'un responsable pressé aura trouvé à lui faire lire pour le faire patienter ?

3 — LA FORMATION

C'est l'outil d'acculturation.

On peut distinguer trois types principaux de formation délivrée dans les entreprises :

— une formation générale diffuse des connaissances générales (économie, mathématiques, mécanique, informatique, etc.) en s'accompagnant éventuellement d'un diplôme ou d'une promotion interne ;
— une formation spécifique sert à adapter les connaissances d'une catégorie de personnel dans un domaine particulier : formation d'opérateurs au maniement de machines à commande numérique, formation au nouveau plan comptable ;
— une formation-entreprise. Elle est « intra », c'est-à-dire réalisée à l'intérieur de l'entreprise pour des salariés de l'entreprise seulement. Elle transmet, développe, discute la culture de l'entreprise en utilisant complètement la dynamique du groupe pour permettre à ses membres de tester la pertinence de l'ensemble

(17) Thévenet (M.), *Deux flashes de culture bancaire,* R.F.G., n° 47-48.

de ces messages. Elle peut être animée par des salariés de l'entreprise elle-même.

Actuellement, ces trois types composent les plans de formation des entreprises mais avec un certain développement du troisième. Une formation d'acculturation a plusieurs caractères :

— elle diffuse des messages à l'ensemble de l'entreprise ;
— elle permet aux salariés de développer leur adhésion mais aussi de tester que leur entreprise agit bien toujours en cohérence avec ses valeurs affirmées ;
— elle permet aux « formés » de rencontrer des pairs ou des supérieurs qui constituent un exemple ;
— elle permet de développer un « vécu » commun ;
— elle permet de développer le sentiment d'appartenance à un groupe qui possède ses rites, ses héros ;
— elle est une occasion de remettre en cause pour un temps limité les règles de fonctionnement quotidien, comme en donnait l'occasion le Carnaval de Romans si l'on en croit Leroy-Ladurie (18) ;
— elle développe enfin les « compétences » dont l'entreprise a besoin : dans la bataille pour la compétence que préconise Y. Cannac, le savoir-être en est une composante primordiale (19).

I.B.M. est célèbre pour sa semaine annuelle de formation destinée à l'ensemble de ses cadres ; des entreprises développent de véritables business schools internes pour leurs cadres à haut potentiel ; la formation est même dans l'expérience que décrivent J.-C. Plessis et J.-L. Vachette (20) le moteur même d'un changement de structure et d'activité d'une entreprise.

D'autres fonctions de la gestion du personnel pourraient encore être déclinées sur ce thème ; comme par exemple les qualifications du travail (21) autour desquelles se retrouvent très fortement marquées la notion de métier et de valeurs professionnelles.

Beaucoup d'idées ont circulé autour de la place actuelle de la gestion du personnel dans les entreprises (22). On mettait en évidence son rôle, son importance déterminante dans le développement

---

(18) Le Roy-Ladurie (E.), *Le Carnaval de Romans,* Gallimard, 1979.

(19) Cannac (Y.), *La bataille de la compétence,* Éditions Hommes et Techniques, Paris, 1985.

(20) Plessis (J.-C.), Vachette (J.-L.), *Utilisation du groupe de travail interhiérarchique dans la gestion des ressources humaines,* Humanisme et Entreprise, 1982.

(21) On se référera sur ce sujet à :

Peretti (J.-M.), *Personnel,* Vuibert, 2e édition, 1984. Bernard (A.), Besseyre des Horts (C.-H.), *Gestion du personnel,* Journées E.S.S.E.C. 82, F.N.E.G.E.-C.E.R.E.S.S.E.C., 1983.

Bernard (A.), Gueguen (P.-G.), *Gestion du Personnel,* Journées E.S.S.E.C. 84, F.N.E.G.E.-C.E.R.E.S.S.E.C., 1985.

(22) Besseyre des Horts (C.-H.), *Pour une gestion stratégique des ressources humaines,* I.S.S.E.C. Infos, janvier 1986.

de la productivité, on allait même jusqu'à évoquer les relations orageuses du couple « économique » et « social ». Puis elle est devenue un des outils de la stratégie de l'entreprise (23). Tous les exemples qui précèdent donnent de la réalité à cette affirmation. L'entreprise doit développer sa culture et surtout fonctionner en cohérence avec elle : la gestion du personnel lui permet effectivement d'y parvenir.

3.3. MANAGEMENT

Aujourd'hui, gestion des hommes et management ont tendance à se confondre ; par rapport aux techniques évoquées plus haut nous réserverons deux aspects au domaine du management :

— *Le contrôle :* le management a pour fonction principale d'encadrer et de coordonner des comportements au sein d'une organisation pour lui assurer le succès ; dans l'histoire des théories des organisations, plusieurs logiques de contrôle ont été développées. On peut se demander si le patrimoine culturel de l'entreprise avec ses normes, valeurs ou interdits ne constitue pas un mode de contrôle en soi.

— Différentes *innovations* s'affichent régulièrement au catalogue des modes. Elles apparaissent souvent comme une recette infaillible d'efficacité parce qu'elles ont déjà réussi sous d'autres cieux ou dans d'autres entreprises. Nous verrons que les caractéristiques culturelles de l'entreprise déterminent souvent la réussite future de telle ou telle innovation comme les cercles de qualité par exemple.

A. MODES DE CONTRÔLE

Le problème crucial du management est de faire coexister coopération et compétition (Ouchi [24]). Une coopération est nécessaire entre des personnes dont quelques rares objectifs sont congruents, même s'ils sont partie à une œuvre globalement commune. Par contre la compétition existe nécessairement entre des membres de l'entreprise qui n'ont pas les mêmes objectifs ni les mêmes critères d'évaluation. Assurer la compatibilité entre ces exigences contradictoires est l'enjeu du management, et les systèmes de contrôle de leur outil.

---

(23) Weisz (R.), Anselme (M.), Dillemont (J.), *Culture de métier, qualification et efficacité collective,* R.F.G., n° 47-48.

(24) Ouchi (W.), *La société M, op. cit.*

W. Ouchi considère que les entreprises ont développé trois moyens principaux de traiter ce problème du contrôle. Ces mécanismes procèdent de trois paradigmes empruntés à différentes sciences sociales et appliqués à des situations d'organisation (25).

☐ LE MARCHÉ

Dans un grand magasin, l'acheteur est entièrement soumis aux mécanismes du marché. Le travail de l'employé lui-même est très simplifié puisqu'il a un seul objectif de rentabilité, d'efficacité qui se mesure très aisément ; pour le supérieur hiérarchique lui-même le critère de minimisation des coûts suffit à apprécier l'activité du collaborateur.

Le mécanisme du marché est très efficace parce qu'il est complètement autorégulé. L'ajustement se fait par confrontation d'une offre et d'une demande. La compétence minimale exigée est limitée au mécanisme de constitution du prix. L'intérêt majeur du marché est de fonctionner pour chacun, il y a une réciprocité totale.

Nous avons donc affaire à un mode de contrôle puisque les comportements individuels sont cadrés dans un système qui fonctionne avec des règles (de constitution du prix) et une norme (de réciprocité).

☐ LA BUREAUCRATIE

C'est certainement le mot le plus attaqué et incompris de la théorie des organisations. Selon la logique bureaucratique, il est possible de définir des règles, procédures, structures qui conduisent l'organisation à l'efficacité.

RESPECT DES RÈGLES = EFFICACITÉ

Le système de contrôle est parfait : il suffit de vérifier l'application des règles. A cela, il faut trois conditions :

— connaître les règles ;
— avoir des règles qui s'appliquent à tout le monde ;
— avoir une autorité légitime qui établisse les règles : ces règles seront admises dans la mesure seulement où on reconnaît à une autorité le droit de les établir.

La bureaucratie ne fonctionne que si cette légitimité de l'autorité est reconnue. Dans nos systèmes de gestion du personnel, de qualification, voire dans le dessin des structures, la source principale de légitimité est la compétence. Plus elle est élevée, plus l'autorité qui y est associée peut s'exercer, en édictant des règles en particulier.

Le marché est un mode de description du fonctionnement de l'économie : les hypothèses de concurrence libre et parfaite qui le

(25) Ouchi (W.), *Markets, Bureaucracies and clans,* A.S.Q., n° 28, 1983.

sous-tendent sont bien rarement rassemblées. Ce paradigme est encore moins pertinent dans le fonctionnement des organisations. Bien peu de personnes voient leurs comportements et objectifs soumis aux lois d'un marché. Les postes commerciaux sont à peu près les seuls exemples. Or, même pour ces postes-là, il faudrait compléter la description de Ouchi : le seul résultat de marché ne suffit pas à évaluer le succès ou l'échec de l'employé : la gestion de son équipe, la qualité de son travail administratif servent tout autant à l'évaluer.

Quant à la bureaucratie, c'est sûrement une approche qui a permis aux organisations modernes de se développer et d'être efficaces. Les critiques dont elle est l'objet sont injustes et non pertinentes. Elle constitue même un excellent système de contrôle à plusieurs conditions :

— La notion de compétence qui fonde la légitimité de son autorité devient multiforme ; en prenant un exemple trivial, le fonctionnement bureaucratique ne pose aucun problème quand la compétence technique détenue par les agents paraît adéquate, efficace et reconnue par tous ; si les compétences requises de la hiérarchie ne sont plus aussi claires, l'autorité doit trouver d'autres moyens pour assurer sa légitimité.
— La bureaucratie revient à un ensemble de règles et de procédures que l'organisation applique pour faire face à tous les problèmes qu'elle rencontre. Le corps de réglementations correspond au lot de problèmes qui ont été prévus. Si l'environnement évolue peu, l'ensemble des mécanismes organisationnels fonctionnent très bien ; on peut imaginer, et pourvu que cela dure, que l'organisation du ministère des Anciens Combattants est tout à fait performante et répond aux besoins de sa mission. Toutefois, si l'environnement est changeant, si l'entreprise est confrontée à des problèmes inconnus ou imprévus, les règles ne peuvent permettre de faire face aux difficultés et on touche les limites du fonctionnement bureaucratique.

D'autres modes de contrôle doivent être trouvés qui aient :

— une légitimité,
— une capacité à aider l'organisation à résoudre les problèmes nouveaux auxquels elle fait face.

☐ LE CLAN

Ouchi (25) définit le clan comme un autre mécanisme de contrôle social, qui n'en est pas une forme alternative mais se surajoute plutôt aux autres. C'est ce système social informel qu'un groupe s'est constitué. L'appartenance à un clan suppose, entre autres, que l'on agisse selon ce que ce clan estime bon. En ce sens,

(25) Ouchi (W.), *Markets, Bureaucracies and clans,* A.S.Q., n° 28, 1983.

il ne correspond pas seulement à une forme d'intégration mais aussi à des exigences de vie en son sein.

Comparé aux autres formes de contrôle social, le clan impose aussi la *réciprocité* : l'ensemble des prescriptions s'appliquent à tous ses membres.

Il existe une autorité légitime dans tout clan : c'est le chef charismatique, le Père, le chef de bande ou le gourou. Il a capacité à édicter des règles et à les faire appliquer mais, à la différence de la bureaucratie, ce n'est plus la compétence qui fonde cette autorité mais une autre propriété : appartenance à une famille, valeurs personnelles, ou crédit gagné auprès des membres du clan.

Le clan fonctionne grâce à un ensemble de valeurs partagées par les membres. Ces valeurs sont des guides pour l'action quotidienne ; elles servent à chacun et surtout à la totalité du clan qui se développe ainsi selon des règles de conduite cohérentes. Plutôt que des règles, les valeurs aident à fixer les modes de résolution des problèmes et des situations quand elles se présentent.

Le clan pallie les insuffisances des deux modes de contrôle précédents :

— les valeurs qui le caractérisent sont le produit du système social informel que crée tout groupe humain : en ce sens, il est plus adapté que le paradigme du marché aux situations créées par des organisations humaines.

— les valeurs agissent comme des références dans l'action ; elles n'ont pas la fragilité des règles qui ne sont pas toujours adaptées aux problèmes rencontrés mais elle aident les membres de l'organisation à innover face à des situations nouvelles.

Il fonctionne bien entendu à plusieurs conditions :

— Il doit exister un apprentissage des valeurs ; si des règles s'enregistrent et s'appliquent, il n'en va pas de même pour les valeurs. Recrutement, intégration, initiation à ces valeurs remplacent formation, test, vérification des procédures.

— Ces valeurs ne constituent jamais l'unique mode de contrôle. On pourrait l'envisager dans un petit groupe où les valeurs sont très fortes parce qu'il est le groupe de référence le plus important des participants ; c'est le cas de la famille. Dans une organisation, tout un ensemble de situations doivent être régulées parce qu'elles sont répétitives ; les valeurs prendront simplement le relais des procédures. Beaucoup d'entreprises se différencient cependant par ce qu'elles estiment devoir subordonner à l'utilisation de règles ou laisser à la liberté d'appréciation de chacun.

— Ces valeurs ne sont pas établies une fois pour toutes ; elles exigent que chacun les respecte ; à tout moment, il faut pouvoir tester qu'elles sont toujours opérationnelles et efficaces. Des règles peuvent perdurer si elles prouvent leur efficacité, les valeurs se maintiennent si elles sont effectivement respectées.

TABLEAU DES MODES DE CONTRÔLE D'APRÈS OUCHI (25)

TYPE DE CONTRÔLE	CARACTÈRES PRINCIPAUX	NOTION DE BASE
MARCHE	RÉCIPROCITÉ	PRIX
BUREAUCRATIE	RÉCIPROCITÉ AUTORITÉ LÉGITIMÉE	RÈGLES
CLAN	RÉCIPROCITÉ AUTORITÉ LÉGITIMÉE VALEURS PARTAGÉES	VALEURS

Bien entendu, la culture d'entreprise est constituée de ces valeurs communes sur lesquelles semblent fonctionner une organisation. Dans les théories actuelles de structures souples, d'adhocratie, de gestion par clans ou par réseaux, c'est le poids de ces valeurs qui est reconnu et que l'on espère gérer. L'enjeu des managers ne sera pas de revoir la bureaucratie en place mais plutôt de dégager des zones de responsabilité qui fonctionneront selon ce système de valeurs. Les exemples que donne le *Prix de l'Excellence* ou *« La société M »* en sont le symptôme : on ne parle pas de destruction des structures existantes mais d'adjonction d'autres structures souples et provisoires qui pallient leurs défauts en procédant d'une autre forme de contrôle.

B. LES INNOVATIONS MANAGÉRIALES

Les cercles de qualité ont remplacé l'amélioration des conditions de travail au hit-parade des innovations managériales. Empreints de senteurs japonaises et de management du 3e type, ils sont pour des centaines d'entreprises une réalité de fonctionnement ou, du moins, d'essai (26).

Une étude récente (27) s'est intéressée à savoir comment se mettaient en place des services dont la communauté de dénomination cache souvent des pratiques très diverses. Quelles sont donc les différences dans la mise en place et la conception même des cercles de qualité ? L'étude recense plusieurs cas de figure :

(26) Ouchi, interview réalisée par C.-H. Besseyre des Horts, R.F.G., 1984.
(27) Bosche (M.), Bouyer (F.), Vachette (J.-L.), *op. cit.*

□ LES CULTURES PHÉNIX

Les cercles de qualité s'y développent sans dévier des normes de fonctionnement qui leur ont été assignées au démarrage de l'opération. Les entreprises de ce type ont généralement une culture très forte où la notion de métier s'impose. Ces entreprises n'avaient pas attendu les cercles de qualité pour développer la responsabilisation des personnes, mais les menaces économiques ont joué le rôle de dynamiseur tant sur le plan économique ou technologique que managérial. Cette nécessité d'innovation est perçue comme faisant partie du métier. Ces entreprises fonctionnaient selon des systèmes de procédures très précises, claires et reconnues. Les cercles de qualité s'y intégraient donc parfaitement avec l'ensemble de procédures qu'ils induisent.

□ LES CULTURES AUTORITAIRES

Les cercles de qualité stagnent, ne se développent pas.

Leur capacité de contribution s'épuise très vite.

Les entreprises concernées ont une culture très forte avec un mode de contrôle très bureaucratique : les gens ont été formés pour respecter très scrupuleusement les règles et la hiérarchie. Ce sont des organisations très rigides.

Les cercles de qualité y ont été organisés de façon très autoritaire, formelle et directive ; ils s'arriment très difficilement sur la culture autoritaire de l'entreprise ; les cercles procèdent d'un discours qui semble totalement plaqué sur la réalité culturelle du milieu. La culture ambiante est donc un frein car il y a un écart trop important entre les valeurs induites par les cercles de qualité et celles de l'entreprise où on essaie de les greffer.

□ LES CULTURES CONVIVIALES

Les cercles de qualité y deviennent la norme ; leur fonctionnement est très informel ; ils semblent assez productifs mais connaissent un développement modéré qui d'ailleurs s'avère être rarement programmé.

Les entreprises concernées ne sont pas très grandes ; un fonctionnement informel a pu s'y développer au mieux de leurs intérêts.

En fait la rigueur imposée par les cercles de qualité ne cadre pas du tout avec le mode de fonctionnement de ces entreprises où l'informel a été expérimenté de manière efficace.

□ LES CULTURES MANAGÉRIALES

Les cercles de qualité dévient souvent de leur norme dans la mesure où ils acquièrent une formalisation de plus en plus poussée dans leur mise en place et leur fonctionnement. Selon un schéma managérial, les entreprises agissent avec des procédures de prévision, planification, décision et contrôle ; il y a recherche permanente de l'efficacité économique.

Ces entreprises retiennent essentiellement des cercles de qualité la rigueur de la démarche gestionnaire qu'ils impliquent ; les cercles deviennent productifs car ils sont perçus et organisés comme synonymes de l'efficacité économique. Seul leur aspect instrumental est mis en valeur.

TYPOLOGIE DES DÉTERMINANTS CULTURELS
DE L'ÉVOLUTION DES C.Q.

	DÉVIATION	DÉVELOPPEMENT	STAGNATION
PROCÉDURES	Cultures managériales		Cultures autoritaires
VALEURS ET PROCÉDURES		Cultures Phénix	
VALEURS	Cultures conviviales		

L'insertion et le développement des innovations managériales sont donc fortement liés à la culture des entreprises. Chacun s'en rend compte avec les cercles de qualité en disant que leur origine américaine et leur développement japonais doivent inciter à la prudence les utilisateurs français ; il faut aller plus loin et considérer que les valeurs implicites des cercles de qualité ne sont pas forcément cohérentes avec les valeurs et la culture de l'entreprise qui vient d'y être convertie.

DEUXIÈME PARTIE

LES MÉTHODES D'AUDIT DE LA CULTURE

Pour toute mode en gestion, il existe une phase délicate de passage du niveau de concept vague et séducteur à celui de notion opérationnelle pour l'entreprise (1). Des méthodes d'audit se mettent en place qui permettent à l'entreprise de déceler les traits dominants de sa culture.

Deux phases doivent être distinguées dans un audit de culture :

— les premières servent à repérer les matériaux permettant de retrouver trace de la culture : elles concernent des modalités d'investigation mais aussi leur adaptation à des situations d'entreprise différentes ;

— les secondes servent à dégager de cet ensemble de matériaux, les grands traits de la culture.

Un schéma général.

La mise en évidence de la culture peut être schématisée de la façon suivante en trois grandes étapes (2) :

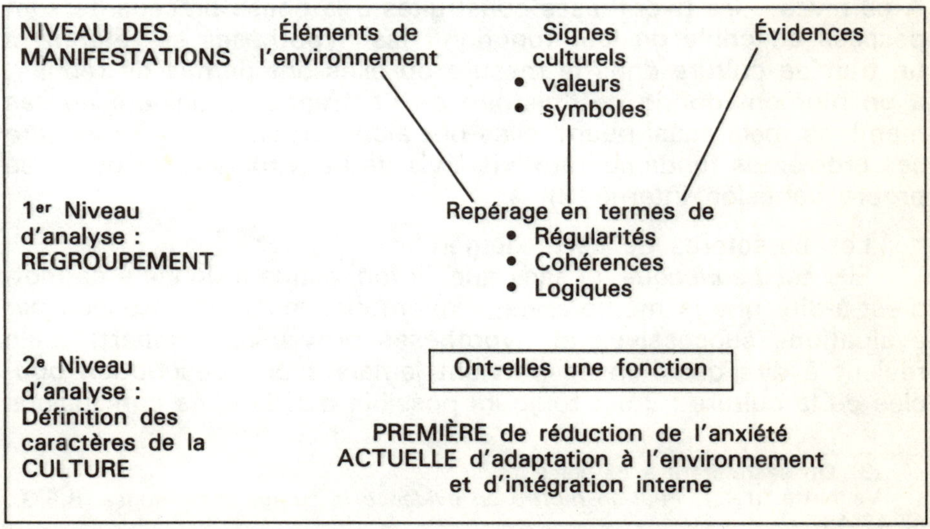

(1) Thévenet (M.), *L'écot de la mode*, *op. cit.*

(2) Thévenet (M.), *La culture en neuf questions*, *op. cit.*

Première phase :

Elle concerne le niveau des manifestations ; il s'agit de repérer l'ensemble des signes qui servent de matériau de base à la détermination de la culture.

Dans un premier temps, il faut connaître les grands types de signes qui sont révélateurs de la culture. Il est bien évident, si l'on considère que l'entreprise EST une culture (voir *supra*) que tout est révélateur mais pratiquement, on peut suivre un guide plus précis qui mène aux matériaux les plus riches d'information et de sens sur cette culture.

Dans un second temps, il faut savoir comment mettre en évidence ces signes ; nous nous attachons dans cette partie à définir les modes d'investigation les plus appropriés pour chacune des catégories de manifestations de la culture.

Seconde phase :

C'est le premier niveau d'analyse des matériaux de base : le regroupement. La culture se distingue au-delà de l'ensemble de ces signes ; en les regroupant, on tente de découvrir des régularités entre eux : répétitions, rapprochements ou similitudes de sens entre les différents signes ; ce sont des cohérences : imbrications de signes, compatibilité de significations entre des signes ; ce sont enfin des logiques ou des explications fondamentales à plusieurs de ces signes.

Troisième phase :

C'est le second niveau d'analyse des signes, la détermination des caractéristiques de la culture dégagées de l'étude des signes. A ce niveau, les hypothèses construites à la phase précédente sont passées au crible de leur fonction : les hypothèses se réfèrent à un trait de culture dans la mesure où elles ont permis de réduire, à un moment donné de l'histoire de l'entreprise, l'anxiété de ses membres mais aussi quand elles ont aidé l'organisation à résoudre ses problèmes fondamentaux vis-à-vis de l'environnement ou de sa propre cohésion interne (3).

Les caractères de cette démarche :

Elle est *heuristique* au sens que l'informatique a donné à ce mot, c'est-à-dire que la méthode est exploratoire et qu'elle procède par évaluations successives et hypothèses provisoires (Robert). Cela revient à dire que l'on ne parvient jamais à une description bouclée de la culture : il est toujours possible d'affiner les conclusions

---

(3) On se référera à ce sujet à

Vachette (J.-L.), *Peut-on mettre en évidence la culture d'entreprise*, R.F.G., n° 47-48.

Holodis, 1, rue de la Pépinière, Paris 8e.

— Présentation des démarches d'action dans *Intersocial*, janvier 1985.

— Intervention d'E. Normand, Colloque sur la culture d'entreprise, F.N.E.G.E., 14-11-84.

et de chercher d'autres éléments qui relativisent les découvertes ; cela signifie surtout que la détermination de la culture procède par définition d'hypothèses successives qu'il s'agit de valider. On atteint un trait de culture dans la mesure où l'on a retrouvé son utilité dans le fonctionnement ou l'histoire de l'entreprise.

C'est une démarche en *profondeur* en ce sens qu'elle n'est pas... superficielle. La culture n'est pas faite des seuls signes extérieurs qui n'ont souvent qu'une très faible signification. On ne peut pas résumer la culture au logo, à la façon de s'habiller des cadres ou à l'épaisseur des moquettes comme signe de différenciation hiérarchique. La culture est plus fondamentale, elle fonde des comportements, des règles de fonctionnement de l'entreprise : ces signes superficiels peuvent en être l'expression dans la mesure où on les relie à d'autres signes pour supporter une hypothèse. Une anecdote pour illustrer cette précaution : une grande entreprise connue dans le domaine de l'informatique est universellement fameuse pour « imposer » tacitement à ses cadres le port de la chemise blanche ; on raconte que son président regrettait de ne pouvoir porter des chemises d'une autre couleur par crainte de voir le lendemain l'ensemble de ses collaborateurs porter des chemises de la nouvelle couleur... Ce signe ne révèle peut-être que le pouvoir du président sur ses troupes.

C'est une démarche *riche* en elle-même. Le président d'un grand groupe américain disait du plan d'entreprise qu'il était absolument fondamental mais qu'une fois achevé, il fallait surtout le ranger au fond d'un tiroir et ne plus y toucher. Dans un plan d'entreprise, c'est la phase d'élaboration qui est pédagogique et constitue la véritable opération de changement. Il peut en être de même pour la culture d'entreprise. Le rassemblement des matériaux de base, la construction et validation progressive d'hypothèses sur les traits de la culture provoquent chez les gens qui réalisent l'opération une évolution de leurs conceptions de l'entreprise et de son fonctionnement et même si les hypothèses sur la culture peuvent toujours être affinées, leur façon de voir les problèmes aura déjà évolué dans le sens de la prise en compte de cette autre approche.

Les trois chapitres suivants s'attacheront à :

1 — définir quels sont les matériaux de base d'un audit de culture ;

2 — décrire les outils d'investigation permettant de les rassembler de manière efficace ;

3 — présenter trois exemples d'audit de culture développés dans des interventions aux objectifs différents.

CHAPITRE 4

LES MATÉRIAUX DE BASE

4.1. LES FONDATEURS

Chronologiquement et logiquement, les fondateurs constituent une source très riche d'informations. Trois questions se dégagent en ce qui les concerne :
— leur rôle dans la culture de l'entreprise ;
— les éléments d'information à rassembler sur eux ;
— les diverses adaptations de ce matériau selon les organisations.

A. LE RÔLE DES FONDATEURS

Une entreprise ne se crée pas spontanément ou accidentellement. Généralement, une personne a une idée sur un produit, une activité et les moyens de les réaliser. Cette personne est le fondateur. Si on parle de « création » d'une entreprise, c'est parce que son fondateur a un but défini, une vision à terme, exactement comme une religion ou un mouvement politique démarre avec un prophète, idéologue ou chef charismatique.

Quatre étapes caractérisent la création d'une entreprise selon E. Schein (1) :
— Une personne seule — le fondateur — a une idée de nouvelle entreprise.
— Il rassemble autour de lui un petit groupe de personnes qui partagent la même vision que lui ; l'idée leur semble valoir la peine de prendre le risque.
— Le groupe commence à fonctionner ensemble pour lancer l'activité et ses bases organisationnelles.
— D'autres personnes sont intégrées et... l'histoire commence.

(1) Schein (E.H.), *Organizational culture and leadership, op. cit.*

J.-P. Quazza (2) aborde cette question des fondateurs en utilisant des concepts de l'analyse transactionnelle. Il cite E. Berne — un des « fondateurs » de l'analyse transactionnelle — pour lequel « tout groupe, toute organisation préexiste à sa création officielle en tant qu'elle est déjà dans l'esprit de son fondateur ». Il emprunte la notion de scénario selon laquelle le fondateur transmettrait dès les débuts de l'organisation un certain nombre de messages puissants et contraignants qui structureraient l'avenir du développement et du fonctionnement de l'organisation.

Ces messages ne sont pas forcément consciemment élaborés et transmis par le fondateur. Cependant, on peut les formaliser selon quatre grands modèles :

— *Les croyances :* il aide les membres de l'entreprise à se positionner par rapport au monde extérieur et en particulier vis-à-vis des non-membres de l'organisation. C'est ce modèle qui exprime la raison d'être de l'entreprise : J.-P. Quazza donne comme exemples la restauration du statut national japonais pour Matsushita ou la « mystique » du service-client pour I.B.M.

— *Les comportements :* il répond au besoin de structuration personnelle des membres. Il prescrit aux membres des comportements à développer. De là peut découler un style de management.

— *Les technologies :* il concerne le mode d'approche de la réalité et de résolution des problèmes. Du fondateur, l'entreprise retient, selon ce modèle, un ensemble de normes instrumentales lui permettant de réaliser sa mission. Elles se retrouveront dans les systèmes de gestion, de récompense.

— *Les sentiments :* il répond au besoin des membres d'être reconnus ; c'est en quelque sorte le contrat psychologique que passe l'entreprise avec ses membres : il comprend des signes de reconnaissance, la déclinaison de la sécurité offerte.

Nous avons procédé à l'étude de ce que les entreprises racontent de leurs fondateurs dans différents documents : articles ou ouvrages écrits sur l'entreprise, plaquettes ou entretiens. Généralement, trois types d'informations reviennent toujours :

☐ L'ORIGINE SOCIALE

Le fondateur a une origine très marquée. On fait référence à son milieu d'origine, à son cursus, à ses expériences d'enfant, voire le milieu religieux, philosophique ou éthique dans lequel il a évolué.

Ken Auletta (3) retrace l'aventure de Schlumberger : il nous décrit les idées sociales des frères Schlumberger, leur « sensibilité socialiste », leur goût pour les arts, leur fonctionnement familial particulier (avec le traité passé entre le père et ses deux fils) ; chez

(2) Quazza (J.-P.), *Les scenarii d'entreprise, op. cit.*
(3) Auletta (K.), *op. cit.*

Salomon, c'est le passé de petits artisans savoyards dont le fils Georges ne peut faire les études qu'il voudrait ; pour le fondateur de Kelt-Marine, c'est une jeunesse entièrement tournée vers la mer et l'apprentissage de ses métiers.

Tous les scénarios sont possibles, de l'adhésion étroite à un roman familial au refus heureux d'une pression que le fondateur ne pouvait soutenir.

☐ CHALLENGE

Ce challenge correspond à une décision importante que le fondateur a prise ; cette décision est souvent originale, non conformiste et elle marque le commencement réel de son aventure. Ce sont les grands contrats d'adduction d'eau signés par Pont-à-Mousson à la fin du siècle dernier, ils scellent le développement de la grande entreprise ; c'est la fabrication des carres de ski que démarre Salomon ; c'est le choix d'une technologie iconoclaste : Nestlé met au point une farine lactée pour nourrir les enfants ne supportant pas le lait maternel ; Michelin croit à la découverte du pneumatique gonflable de Dunlop et découvre le système de valve qui en facilite l'utilisation.

☐ PRINCIPES INITIAUX

De la vie du fondateur on retient également un ou plusieurs principes-fétiche qui constituent la base des règles de conduite de l'entreprise. Ces principes rappellent quelques grandes heures de l'expérience du fondateur.

Le respect par tous des règlements, le service du client, le poids du savoir et de la formation, le souci d'innover, la volonté de tenir un rôle dans la société, voilà quelques règles classiques qui sont appuyées par l'expérience « exemplaire » du fondateur.

Nous venons de regrouper les traits les plus communs de la vie des fondateurs. Plus exactement, c'est ce que l'entreprise a conservé de leur vie et de leur expérience. Leur intérêt n'est pas la réalité historique mais le soin prodigué par l'entreprise pour les maintenir et les transmettre. Ils prennent alors un sens même s'ils ne reflètent qu'une image enjolivée de la réalité.

Quelques exemples de fondateurs.

L'exemple classique du fondateur nous est donné par E. Schein avec M. Jones. Fils d'immigrants dont les parents tenaient une épicerie, Jones est fortement influencé par sa mère qui lui enseigne ce qu'est le bien dans son activité commerciale, mais elle lui apprend aussi que le succès appartient à ceux qui agissent bien. Jones montera une importante chaîne de supermarchés dans laquelle il se distinguera à ne s'occuper que de produits de haute qualité avec un sens aigu du service au consommateur ; cette notion de qualité concernera aussi ses relations avec les cadres de ses magasins. L'entreprise devint familiale avec des membres de la famille aux postes-clés des nouvelles divisions et un pouvoir complètement centralisé dans les mains de Jones. A la mort de Jones, l'entreprise traversa une période de très forte turbulence et eut beaucoup de mal à trouver un manager capable de s'intégrer à la culture de l'entreprise.

Cet exemple est typique du rôle déterminant du fondateur qui construit une entreprise qui s'identifie totalement à lui. A une phase de succès, va succéder l'intégration progressive de la famille : la disparition du fondateur est synonyme de trouble dans la mesure où toute l'entreprise en était dépendante.

Cette histoire « idyllique » n'est pas l'unique façon de mettre en scène les fondateurs. Il existe aussi des cas d'entreprises qui réussissent sous l'impulsion de leurs fondateurs et dans certaines circonstances mais les influences du fondateur peuvent s'avérer complètement inadéquates dans une autre situation. La création peut enfin satisfaire chez le fondateur des besoins profonds : on connaît des cas où le fondateur se dessaisit de son entreprise dès qu'elle a atteint un rythme de croisière.

Ces quelques exemples montrent à quel point la notion de fondateur intervient de façon différente mais déterminante dans la culture des entreprises.

B. LA GRILLE FONDATEURS

1 — LA LISTE DES INFORMATIONS

DONNÉES PERSONNELLES :
- Nom.
- Cursus (formation et carrière).
- Date de fondation et âge du fondateur.

ORIGINE SOCIALE :
- Milieu social du fondateur.
- Position familiale.
- Grandes étapes de la vie du fondateur.
- Coordonnées sociales, politiques, intellectuelles, philosophiques, religieuses.
- Région d'origine.
- Anecdotes sur la vie personnelle du fondateur : enfance, relations avec son milieu, avec la société, etc.

CHALLENGE :
- La création constitue-t-elle un pari ?
- Les grands choix initiaux :
  - technologique,
  - commercial,
  - organisationnel,
  - régional,
  - structurel.

— Déviance par rapport à une norme sociale, professionnelle, familiale, technologique.
— Les domaines d'innovation lors de la création :
• production,
• commercialisation,
• organisation,
• gestion,
• structure et management.

PRINCIPES FONDAMENTAUX :
— Principes liés à la personnalité du fondateur.
— Principes mis en œuvre lors de la création.
— Principes conservés depuis la création.
— Perception de l'environnement :
• Marché et concurrence.
• Nature humaine.
• Société.
— Principes de gestion :
• Gestion financière.
• Gestion du personnel.
• Fonctionnement hiérarchique.
— Principes de fonctionnement :
• Innovation.
• Formation.
• Recherche.
• Sanction/Récompense.

2 — Discussion de la grille

• *Origine sociale*

Ces données servent à reconstruire « le roman familial » du fondateur. Milieu social, familial, régional, philosophique sont autant de pistes qui éclairent ses choix et nous aident à savoir s'ils cachent un sens ou non. Michelin et l'Auvergne, Salomon et la Haute-Savoie, Auchan et le Nord ; voilà autant de rapprochements qui illustrent des pratiques de ces entreprises.

L'origine socioreligieuse des fondateurs est très importante aux États-Unis. On donne suffisamment d'importance à ce critère de l'autre côté de l'Atlantique pour attribuer illégitimement une référence à certaines entreprises : ainsi Digital-Equipment se voit créditée d'un fondateur mormon. Il est certain aussi qu'en France, évoquer les catholiques sociaux, ingénieurs catholiques ou banquiers protestants n'est pas une référence gratuite mais informe sur une éthique, une façon de voir l'économie et son rôle dans la société.

• *Challenge*

Ce challenge se rapporte à une situation critique devant laquelle le fondateur a généralement réagi de manière très originale, voire marginale. Il est très révélateur dans la mesure où il donne naissance à la première dyade

PROBLÈME ◄---------► SOLUTION

sur laquelle se construira l'apprentissage de l'entreprise. Nous avons en filigrane une façon d'aborder les problèmes, de trouver les solutions, de réagir aux événements extérieurs et aux opportunités.

• *Principes fondamentaux*

Le fondateur, nous l'avons vu, crée son entreprise avec une idée de son activité et de la manière de la mener à bien. Plusieurs aspects sont importants dans ces principes :

— leur contenu : c'est une attitude qui génère des pratiques quotidiennes ;
— leur lieu de fixation, c'est-à-dire la fonction de l'entreprise, le type d'attitudes, de décisions, de situations à propos desquelles se sont formés des principes.

C. LES ADAPTATIONS DE LA GRILLE FONDATEURS

Dans tous les cas que nous rencontrons, il n'est pas toujours facile de savoir qui est le fondateur ; il est même concevable que l'entreprise ne dispose pas d'une personne-« fondateur ».

Notre démarche est heuristique : nous partons de matériaux de base qui paraissent pertinents pour en tirer une succession d'hypothèses validées les unes après les autres ; le but n'est donc pas de garnir complètement les check-lists mais de travailler en fonction de ce qui contient le maximum de sens dans les matériaux qu'il a été possible de rassembler. Ainsi, un défaut de « fondateurs » sera pallié par de meilleures informations sur les valeurs ou le métier.

Quelques situations méritent discussion.

□ *La fusion.* En 1967, le Comptoir d'Escompte et la B.N.C.I. fusionnaient pour devenir la B.N.P. On connaît le succès économique de cette opération. Cependant, 15 ans après, on évoquait encore à propos de telle ou telle personne ou procédure qu'elle relevait de l'une ou l'autre des deux banques initiales.

Pour cette banque, la notion de fondateur est bien inappropriée :

— les deux banques fusionnées avaient des cultures très différentes et les protagonistes de la fusion ont tenu à ce que cette opération n'apparaisse pas comme une absorption de l'une par l'autre : un premier travail consisterait à déceler les traits dominants de chacune d'entre elles pour voir ce qui a demeuré de cette double filiation ;
— s'il n'est pas à proprement parler de création *ex nihilo* de la banque, il existe bien une naissance qui constitue, sans vouloir pous-

ser trop loin la métaphore, un traumatisme important pour l'organisation. Cette naissance ne se personnifie pas dans un fondateur, mais elle est un événement très lourd auquel toute l'organisation a été attentive pour voir quels seraient les nouveaux critères de décision.

□ *L'extension.* Est-il judicieux de s'intéresser au fondateur lointain d'un groupe industriel dont la taille, les activités, les modes de gestion et les dirigeants actuels n'ont rien à voir avec leur aîné du siècle dernier ?

Prenons l'exemple de Nestlé, fondée par M. Nestlé — citoyen suisse — qui, très tôt après sa découverte de la farine lactée, s'alliait avec des hommes d'affaires anglo-américains ayant eux-mêmes acheté un hypothétique brevet de lait concentré, pour former ce qui sera la base du groupe Nestlé actuel. Plus tard se rallieront à l'entreprise des fabricants de chocolat, Maggi et ses bouillons, Findus et aujourd'hui Carnation : la vie et l'œuvre de M. Nestlé a-t-elle encore une utilité pour comprendre aujourd'hui la culture du groupe ?

Il s'avère que dans ce groupe, on fait encore référence à M. Nestlé : découvreur de nouveaux modes d'alimentation, exigeant sur la qualité de ses produits destinés aux enfants en premier lieu, rigoureux financièrement ; ce discours demeure très actuel dans les décisions prises dans un groupe multinational qui ne fait plus que nourrir les enfants difficiles.

Dans notre démarche heuristique, il est bon de faire l'hypothèse que le fondateur, même lointain, est une source d'informations pour la culture actuelle de l'entreprise. On est soutenu sur cette hypothèse dans la mesure où l'entreprise elle-même maintient une image et un discours autour de ce fondateur car, là encore, c'est moins la vérité sur le fondateur qui nous intéresse que l'image pédagogique qui en est communiquée.

□ *La filiale.* Que faire avec l'étude de la culture d'une filiale ? Il existe un fondateur du groupe mais il est lointain ; la création de cette filiale n'est éventuellement que le résultat de considérations économiques, industrielles ou financières qui n'ont rien à voir avec la fondation du groupe. Dans les grands groupes industriels d'aujourd'hui, elle peut n'être que le sous-produit d'un accord de la profession induit par un plan de secteur promu par l'État.

Deux types de questions dans ce cas :

- quelles sont les caractéristiques du fondateur du groupe ? Nous considérons que le premier des fondateurs de cette organisation est le fondateur du groupe lui-même ;
- qui est le fondateur de la filiale ? Bien souvent, la naissance de cette activité ou de la filiale a, de fait, joué le rôle de création ou re-création : il y avait un chef de projet, découvreur d'un pro-

duit ou d'un procédé à qui on a demandé son opérationnalisation.

Il peut donc y avoir dans cette situation, deux fondateurs ou deux niveaux de création. La recherche des informations est plus complexe et surtout, l'analyse nécessite une confrontation des deux niveaux de création.

☐ *L'absorption.* Cette situation signifie choc de deux cultures. J. Igalens raconte le choc d'une culture de petite entreprise qui se rapproche d'un grand groupe multinational (4). Il est alors nécessaire de reprendre les caractères du fondateur « absorbé » pour évaluer la dimension du choc qu'elle a vécu.

On peut également parler à ce niveau des entreprises qu'une évolution tourmentée éloigne de son fondateur. L'exemple de Lip est intéressant. Tout le monde connaît l'affaire Lip très représentative des débats, espoirs et façons de penser du début des années 70. En 1983, *Libération* faisait une enquête sur Lip pour le dixième anniversaire de l'« affaire ». Le journaliste remarquait combien forte était encore la présence de Fred Lip pour l'ensemble du personnel. Ce n'était peut-être pas tellement un attachement à la personne mais plutôt à un ensemble d'idées, de conceptions et de valeurs qu'on lui associait.

☐ *La création sans fondateurs.*

L'entreprise vit parfois des crises qui la remettent littéralement en cause : difficultés économiques, fusions, absorptions. Les restructurations que ces difficultés occasionnent ressemblent souvent à de véritables re-créations. Il est bien évident que des personnalités tiennent dans ces opérations un rôle assez équivalent à celui d'un fondateur.

Le fondateur est donc un personnage réel mais aussi symbolique pour l'entreprise. Il est important, puisque l'on communique encore à son propos : combien d'entreprises ont-elles la photographie ou un objet rappelant leur fondateur dans des endroits publics qui transmettent leur image à l'environnement ? Toutefois, les hypothèses faites à leur propos exigent d'autres confirmations issues d'autres matériaux de base.

---

(4) Igalens (J.), *Le mariage de la P.M.E. toulousaine et de la multinationale*, R.F.G., n° 47-48.

4.2. L'HISTOIRE

A. LE RÔLE DE L'HISTOIRE

Actuellement les études sur l'histoire de l'entreprise se multiplient. En France simplement, la plupart des grands groupes industriels ont lancé des équipes de chercheurs sur leurs archives ; les éditeurs semblent suffisamment convaincus par la bonne opinion générale des Français sur leurs entreprises pour leur proposer plusieurs types d'ouvrages historiques les concernant :

— Michelin : ouvrage écrit par un journaliste qui met en évidence le développement et les grandes crises du système-Michelin ; on y voit la gestion quotidienne, les rapports humains, les grandes décisions stratégiques que dut prendre l'entreprise ;
— l'histoire d'E.D.F. : ouvrage réalisé par des chercheurs du C.N.R.S. qui s'attachent plus à élucider les grandes décisions économiques et stratégiques en matière énergétique qu'à décrire l'histoire du fonctionnement même de l'entreprise ;
— Renault : l'histoire des usines Renault insiste énormément sur les évolutions sociales et conflictuelles au sein de ces usines ;
— Schlumberger : l'auteur s'intéresse à la famille fondatrice et au président-directeur général sucesseur Jean Riboud : c'est plus une histoire des personnes et du pouvoir dans le groupe qu'une étude sur l'entreprise elle-même ;
— Menier : L'histoire de cette célèbre entreprise est essentiellement axée autour de la personnalité des trois premières générations de dirigeants qui s'identifient à la période d'enrichissement économique de la fin du siècle dernier : à travers ces personnages, c'est une histoire des idées et des comportements économiques qui nous est présentée en négatif ;
— Pont-à-Mousson : c'est l'histoire de ce groupe racontée par Roger Martin qui en sera le P.-D.G. pendant plusieurs décennies : elle insiste sur les grands choix technologiques et commerciaux ainsi que sur les grandes restructurations industrielles auxquelles ce groupe s'est trouvé partie.

D'autres ouvrages américains pourraient compléter cette liste ; notons les célèbres *« années à la General Motors »* de A. Sloan qui sont écrites par le dirigeant de ce groupe, les histoires d'I.B.M., de Du Pont, Rockefeller, etc.

Cette multiplication des ouvrages mais aussi des études privées menées par les entreprises elles-mêmes pour conserver trace de leur histoire relèvent souvent de l'auto-célébration ou d'une mode du rétro, du passé, de la conservation à tout prix. On voit se créer des musées d'entreprise, des concours de photos sur l'entreprise, des cours de gestion d'archives (5).

Au-delà de cette auto-célébration, la référence à l'histoire fournit plusieurs terrains très riches pour le diagnostic (E. Normand) (6) :

— étude de l'évolution des structures (rachats, filiales, abandons) et des choix technologiques afin d'expliciter les grandes ruptures de l'organisation et de reconstruire un tableau de correspondance entre un contexte donné et la réponse de l'entreprise ;
— la constitution de ces cas de gestion sur l'entreprise afin d'étudier le processus complexe de décision ; cela permet de se construire un langage commun et de conserver une histoire des décisions plutôt que des événements ;
— les politiques de personnel : recrutement, formation, compensation, relations sociales ; l'examen de ces politiques passées par des méthodes appropriées permet de dégager le type de personnalités, d'attitudes et de comportements recherchés durant les différentes phases de l'histoire.

L'entreprise dispose d'un héritage grâce à son histoire. Les rituels, les symboles, ses façons de faire, voire de penser, ne peuvent souvent s'expliquer qu'en référence à cette histoire. Elle est alors une source de légitimité pour un ensemble de comportements, de pratiques. Quand Saint-Gobain fait écrire son histoire par des normaliens, la fait diffuser ensuite à 6 000 personnes dans l'entreprise lors de séminaires, c'est pour développer un langage commun autour d'une acceptation du passé. L'histoire devient le matériau de base partagé sur lequel se développeront des débats très opérationnels sur les stratégies et décisions de l'entreprise : choix d'activités, de modes de gestion.

Cette approche « utilitariste » de l'histoire pose le problème de fond de ce retour très valorisant au passé. Faire un diagnostic du présent à l'aide de l'histoire, c'est formuler des hypothèses sur le passé et pas seulement collecter des faits. Quand Chandler étudie l'évolution des stratégies des grandes entreprises américaines (Du Pont de Nemours), il procède par hypothèses successives sur les stratégies de ce groupe : c'est une théorie de l'évolution de l'entreprise dont il teste la validité. Comme l'affirment George D. Smith et Laurence E. Steadman (7) « la plupart des histoires d'entreprises s'occupent du contenu de l'histoire plutôt que de son essence. Elles devraient se concentrer sur l'accumulation dynamique de décisions

---

(5) On se référera avec intérêt aux travaux de F. Torres et M. Malaurie, Agence Public Histoire.

(6) Normand (E.), *Histoire et culture : les enchaînements du temps de l'entreprise*, R.F.G., n° 47-48, 1984.

(7) Smith (G.D.), Steadman (L.E.), *L'histoire de votre entreprise : un capital*, Harvard, L'Expansion, printemps 1982.

et événements passés qui ont une signification persistante pour le présent et le futur ».

Au-delà des événements, l'étude se concentrera plutôt sur les moments critiques vécus par l'entreprise : évolutions de structure, changements de produits, de technologies, de marchés. Ces moments critiques sont effectivement révélateurs de ses comportements dans des situations où elle doit imaginer des solutions et non reproduire ce qu'elle a appris.

Beaucoup d'auteurs enfin ont tenté de donner un sens à l'histoire, investigation historique à propos de la culture d'entreprise. L'histoire des entreprises a-t-elle un sens ou non ? Beaucoup d'auteurs en proposent des phases que suivrait l'entreprise au long de son histoire. Chandler (8), par exemple, fait l'hypothèse d'une succession d'étapes par lesquelles serait passée la grande entreprise américaine :

— l'accumulation des ressources ;
— la rationalisation de l'emploi de ces ressources ;
— une nouvelle vague d'expansion ;
— l'utilisation rationnelle des nouvelles ressources.

Ces quatre étapes tracent un cadre de développement économique dans lequel s'inscrit l'histoire des grandes institutions économiques américaines et mettent en évidence les déterminants environnementaux de cette évolution ainsi que ses règles internes : cela aide sans doute à ne pas imaginer que le développement des institutions se résume aux fruits de l'originalité d'une équipe fondatrice.

Toutefois, il ne faut pas donner trop d'importance à cette approche cyclique ou chronologique des entreprises. On admet trop facilement qu'une organisation, comme un produit, suit un cycle de vie avec une naissance mais aussi... une mort inéluctable. Rien ne permet d'admettre cette fatalité. Au contraire, l'histoire des organisations est faite de revirements, redémarrages, expansions qui contredisent cette fatalité.

Deux idées majeures guideront un diagnostic de l'histoire :

— le souci de formuler des hypothèses sur l'histoire de l'entreprise et non de se lancer dans la seule collecte de faits et événements passés ;
— l'utilisation, seulement comme guide, de modèles historiques nombreux qui formalisent les phases que traverse l'histoire d'une organisation.

---

(8) Chandler (A.D.), *Stratégies et Structures de l'entreprise*, Les Éditions d'Organisation, 1972 (épuisé).

B. LA GRILLE HISTOIRE

1 — La liste des informations

A — LES HOMMES
- Présidents :
  - état civil,
  - traits de personnalité,
  - critères de nomination.
- Dirigeants :
  - origine,
  - cursus (formation et expérience dans l'entreprise),
  - longévité,
  - actions marquantes.
- Héros :
  - époque,
  - fonction et actions marquantes,
  - déviance.

B — LES STRUCTURES
- Évolution de la structure juridique :
  - changements de statuts,
  - rachats, fusions, absorptions,
  - raisons économiques et modalités de ces évolutions.
- Évolution des structures internes :
  - succession des types de structures,
  - évolution des dénominations de fonctions,
  - importance relative des différentes fonctions dans ces schémas successifs.

C — LES GRANDES DATES
- Commerciales : produits, marchés, contrats.
- Technologiques : brevets, changements de procédés.
- Sociales : grèves, accords, vagues de recrutement.
- Organisationnelles : changements de structures, de méthodes de travail, de mode de management.
- Politiques : les grandes stratégies, les choix fondamentaux d'activité.
- Événementielles : les « coups durs », les catastrophes internes.

D — L'ENVIRONNEMENT
- Poids du milieu régional.
- Événements extérieurs ayant concerné l'entreprise : politique, faits divers,...
- Évolution de la relation de l'entreprise à ses principales parties prenantes : actionnaires, clients et marchés, fournisseurs, acteurs locaux, consommateurs.
- Communication à l'extérieur : publicité-produits, publicité institutionnelle.

2 — Discussion de la grille

• *Les hommes*

Les hommes qui ont fait l'entreprise constituent une extraordinaire source d'informations. Nous avons distingué présidents et dirigeants parce que leur mode d'accès à la fonction est différent et exprime des critères de choix eux aussi différents. Au-delà de ces fonctions, ce sont les leaders que nous voulons repérer.

E. Schein intitule son dernier ouvrage *« Culture de l'organisation et leadership »* parce que les leaders sont les véritables créateurs de culture ; ses interventions dans de grands groupes américains l'ont conduit à considérer que l'étude de ces leaders constituait la meilleure approche possible de la culture de l'entreprise : autour d'eux se forme et évolue un groupe sur lequel ils exercent l'influence déterminante qui modifiera les modes de comportement et de pensée dans l'entreprise.

Le cursus des dirigeants est appréhendé dans un sens très large :

— c'est la formation de base des dirigeants : on connaît en France les entreprises dans lesquelles les dirigeants sont issus de la même filière, voire de la même école ou du même corps ; cette similitude, n'est pas l'avatar d'une tendance clanique, mais une composante fondamentale dans le mode de prise de décision, voire le contenu des choix stratégiques des entreprises ;
— c'est aussi l'expérience à l'intérieur même de l'entreprise : les dirigeants peuvent provenir de la fonction commerciale ou du marketing, passer de la production au personnel, l'auditeur retrouve là des informations très riches sur ce que l'organisation estime nécessaire comme vécu professionnel avant d'occuper de hautes fonctions.

Un dernier type d'hommes est particulièrement intéressant : le héros. Héros ou martyrs, des personnages se distinguent dans chaque entreprise par leur déviance ; cette déviance s'avère positive, le héros a décroché un célèbre contrat, il a découvert un procédé nouveau, c'est un découvreur, celui sans lequel l'entreprise ne pourrait tourner. Le martyr est celui que l'entreprise a rejeté, non parce qu'il avait de mauvais résultats, mais plutôt des attitudes inacceptables pour l'entreprise. Telle entreprise agro-alimentaire n'a été amenée à licencier que de rares agents qui avaient commis des fautes en matière de qualité des produits, cette dernière étant la seule cause possible de licenciement.

Quelques types de héros très classiques :

— le chercheur ou professeur-Nimbus dont la déviance, dans un milieu d'ingénieurs consiste à vouloir rester en laboratoire alors que les carrières se développent ailleurs ;
— le commercial passe-partout, capable de tout vendre ;

— l'esthète universellement connu pour sa personnalité, ses goûts et son rôle dans l'équilibre social du groupe ;
— le rebelle ou le seul à pouvoir parler au patron (version moderne du bouffon ?).

Chaque entreprise retient quelques noms, quelques tranches de vie qui expriment, parce qu'ils marquent le corps social, des indices pertinents pour notre démarche.

□ *Les structures* sont bien entendu très importantes ; sans vouloir entrer dans le célèbre débat sur les influences réciproques entre stratégie et structure d'entreprise, il faut noter que :
— les restructurations ou évolutions de structures interviennent en période de crise, à un moment où il se passe des événements riches d'enseignements sur l'entreprise ;
— le dessin d'une structure est riche de sens : ce ne sont pas les mêmes principes de management derrière la structure matricielle ou multidivisionnelle : les choix faits pour les mettre en œuvre sont le fruit d'une appréciation de l'entreprise.

Les structures juridiques subissent des changements à suivre pour voir comment se diluent l'action et l'intervention du fondateur ; ces changements sont à l'origine de chocs culturels qui laissent souvent de profondes traces.

□ *Les dates* sont importantes à deux titres :
— elles concernent des événements importants que la grille ne sert qu'à déceler ; ces événements appartiennent à la mémoire de l'entreprise : ils ont nécessité de sa part des réactions ou la mise en œuvre de solutions ;
— ces dates doivent être communément acceptées comme des dates importantes : l'ensemble du corps social admet qu'elles ont de l'importance ; appliquez cette règle à l'histoire de France et vous vous apercevrez qu'au-delà des dates largement connues, ce sont des valeurs fondamentales de l'histoire de notre pays qui ressortent.

□ Quant à *l'environnement,* nous voulons mettre en évidence ici les pressions très fortes que des événements extérieurs ont pu exercer sur l'entreprise et son fonctionnement. Nestlé dut faire face, dans les années 70, à une redoutable campagne selon laquelle le groupe « tue des bébés » dans les pays du tiers-monde. L'attaque fut assez puissante pour pousser les États-Unis à boycotter les produits du groupe sur leur territoire. Cet événement ne constitue pas pour ce groupe une simple péripétie, même si dans de nombreux pays, les effets furent moins dramatiques qu'une campagne publicitaire de la concurrence ; cette attaque contredisait l'histoire même de l'entreprise avec son fondateur qui met au point des aliments destinés aux enfants condamnés par leur incapacité à accepter le lait maternel. La réaction du groupe fut très vive ; sur le plan judiciaire, l'entreprise gagna ses procès... de nombreuses années après la campagne ; sur le plan pratique, les règles de contrôle de qualité furent poussées au-delà de ce qu'exigent les réglementations les plus rigoureuses. Cette attaque de l'environnement constitue un traumatisme considérable et les réactions de l'entreprise mettent en évidence ses valeurs.

C. ADAPTATIONS DE LA GRILLE-HISTOIRE

La grille-histoire est certainement la plus large car ses principaux résultats proviendront souvent de l'analyse de quelques événements très riches de sens pour notre compréhension de la culture. Le problème est donc de mettre le doigt sur ces événements.

En France, le cas de Saint-Gobain a été pilote. Ce groupe a voulu mettre en valeur sa longue histoire et traduire en actes cette volonté puisque non seulement 6 000 personnes ont suivi un séminaire sur ce thème, mais, de plus, l'ensemble du système des archives de l'entreprise a été reconstruit pour faciliter leur exploitation future (9). Tous les cas ne sont pas aussi exemplaires d'une entreprise dont on suit le fil continu de son histoire depuis sa création jusqu'à maintenant.

1 — Des entreprises sans histoire ?

Certaines entreprises mettent un point d'honneur à vivre totalement le présent et préparer l'avenir sans jamais regarder en arrière. Dans une entreprise américaine, on revoit l'ensemble des procédures de travail tous les deux ans ; dans une autre on interdit littéralement d'évoquer le passé.

Dans ces sociétés, l'histoire n'en a pas moins une importance considérable et il ne faut pas confondre ce souci d'être résolument tourné vers l'avenir avec une inutilité de l'histoire.

2 — Plusieurs histoires

A.T.T. aux États-Unis passe de l'âge de la téléphonie à celui de l'information ; Smith et Steadman (10) rappellent que beaucoup se sont préoccupés des capacités d'adaptation d'une entreprise qui réalisait un service public dans un environnement complètement réglementé l'ayant conduit à développer un management très bureaucratique. Avec la déréglementation, A.T.T. a dû se constituer une équipe de managers plus entreprenants, compétitifs et sensibles au marché. Depuis le milieu des années 70, A.T.T. a réorga-

---

(9) Normand (E.), *op. cit.*
(10) Smith-Steadman, *op. cit.*

nisé sa structure et réorienté son management. Son problème a été de gérer cette transformation dans le sens de la continuité même s'il existait un paradoxe apparemment total entre le fonctionnement bureaucratique de A.T.T. et les nécessités nouvelles du marché.

Les recherches historiques faites sur A.T.T. confirmèrent que l'héritage de la société supporte tout à fait les alternatives ; dans ce monde dérégulé des années 80, les managers peuvent s'inspirer des débuts très risqués de la compagnie et relativiser leurs dilemmes actuels sur une continuité historique qu'ils ne soupçonnaient pas.

3 — HISTOIRE NON PERTINENTE

B.S.N. est un des plus grands groupes français agro-alimentaires. C'est une entreprise qui dispose d'une forte notoriété dans le public (comme l'indique l'enquête annuelle publiée dans l'*Expansion*). Mais qui sait ce que recouvrent les trois initiales et comment s'établissent les rapports entre le verre et les productions actuelles du groupe ?

L'histoire, pourtant, reste pertinente ; l'histoire des stratégies successives de B.S.N., la reprise des activités par M. Riboud et les grandes opérations financiéro-médiatiques de l'O.P.A.-St-Gobain à la tentative de reprise de Buitoni constituent des événements-clés qui aident à comprendre le destin de ce groupe.

4.3. LE MÉTIER

A. LE RÔLE DU MÉTIER

Le métier est un concept majeur de l'analyse stratégique. Détrie et Ramanantsoa le définissent comme étant, « dans un domaine d'activité donné, l'ensemble du savoir-faire qu'il est nécessaire de posséder, dans l'absolu, pour être compétitif ». Pour compléter cette définition, ces auteurs décrivent un autre aspect du métier qui concernerait le propre « profil de compétences » de l'entreprise (11). Ce sera une source première d'informations pour l'audit de culture.

La principale difficulté à propos du métier est de détacher ce terme de sa définition la plus courante. Le métier ne concerne pas que l'activité majeure, voire l'activité initiale de l'entreprise ; sa

(11) Détrie (J.-P.), Ramanantsoa (B.), *Stratégie de l'entreprise et Diversification*, Nathan, 1983.

Anastassopoulos (J.-P.), Ramanantsoa (B.), *Le métier à la mode*, Le Monde, 18-4-82.

notion est beaucoup plus large et nous disposons de deux moyens de la préciser :

1 — Le secteur ou l'entreprise

Comme le laisse penser la double définition de Détrie et Ramanantsoa, le concept comporte deux aspects. Il est utile de faire référence au « mix des facteurs de succès » du leader dans le domaine (« métier absolu »). L'écart entre les caractéristiques de l'entreprise et de sa référence absolue est révélatrice du cheminement propre de l'entreprise.

Parallèlement, on dégage les particularités de l'entreprise dans la maîtrise de son activité. Si la capacité à travailler selon des processus automatisés et à disposer d'une gamme étendue et rénovée sont deux aspects qui caractérisent les entreprises qui réussissent dans le secteur automobile, Mercedes ou Peugeot n'en ont pas moins leurs propres particularités.

2 — Le contenu du métier

Le plus souvent, le métier fait référence à l'activité (verrier, métallurgiste, chimiste). En ce sens on a pu dire que de nouveaux métiers se constituaient (la grande distribution, l'informatique). On peut dire aussi que les métiers changent : la banque aujourd'hui avec la déréglementation et l'informatique, la photographie qui passe d'un métier chimiste à un métier électronique. Cette façon de concevoir le métier correspond généralement à des technologies ou compétences très particulières.

Il concerne aussi des savoir-faire. En deçà de la fabrication de yaourts, nous trouvons la compétence de traitement d'une denrée périssable pour en faire une autre denrée périssable avec toute la maîtrise des contraintes du temps. Dans un grand groupe agro-alimentaire ne traitant que des produits secs, on reconnaît un savoir-faire logistique qui ne supporterait pas ces contraintes de temps. Un grand distributeur par correspondance a une activité de vente ; il a des savoir-faire dans les domaines des achats, de la maîtrise d'un fichier informatisé de la clientèle et de la gestion des stocks.

Dernière notion concernant le métier : les façons de faire. Elles concernent le mode particulier d'organisation que l'entreprise a mis en place pour réaliser son activité. Dans la pratique, ce dernier aspect est très riche. Toute organisation donne lieu à des conflits traditionnels entre des fonctions (commercial et production, fabrication et recherche, opérationnels et fonctionnels, etc.). Le mode de résolution de ces conflits fait partie du patrimoine de normes que l'entreprise a constitué pour satisfaire aux exigences de sa mission.

En termes de culture d'entreprise, le métier constitue un patrimoine que l'entreprise s'est acquis pour répondre aux exigences mêmes de son existence, à savoir la réalisation de sa mission. Avec le métier, nous disposons donc de points de comparaison ou de modes d'explication des choix et particularités de l'entreprise puisque ce métier est la réponse de l'entreprise aux nécessités de sa raison d'être. Le métier est sans doute une des sources qui permet le plus étroitement de répondre aux exigences de notre définition de la culture à savoir « un patrimoine de compétences développées pour répondre aux problèmes d'adaptation à l'environnement et d'intégration interne de l'organisation ».

La difficulté essentielle de cette investigation reste d'aller au-delà des évidences sur l'activité et ses apparences ; c'est le but de cette grille qui devra être complétée (voir *infra*) par d'autres recherches.

B. LA GRILLE MÉTIER

1 — La liste des informations

LE MÉTIER PERÇU

— Image du métier à l'extérieur.
— Métier lié à l'activité initiale ou principale.
— Métier défini actuellement dans les stratégies de l'entreprise.

LE MÉTIER APPARENT

— Adhésion à des organismes professionnels.
— Convention collective.
— Formations initiales privilégiées :
  • pour les cadres,
  • pour les ouvriers.
— Carte des qualifications.
— Cursus-type.
— La structure de coûts.

LE MÉTIER LIÉ À L'ACTIVITÉ

— Historique des produits et des technologies utilisées.
— Mix des facteurs de succès du leader du domaine.
— Répartition des produits (branches, divisions, lignes).
— Brevets déposés, achetés.
— Les particularités de l'entreprise au long de son processus de production :
  • recherche,
  • approvisionnement,
  • fabrication,
  • marketing,
  • conception de produit,
  • commercialisation,
  • distribution.

LE MÉTIER LIÉ AUX SAVOIR-FAIRE

— Les facteurs distinctifs en matière d'organisation :
  • dans les structures,
  • dans les procédures,
  • dans la gestion des coûts,
  • dans la logistique.
— Les principes de travail définis par les fondateurs.
— Les changements mis en œuvre à l'issue des grandes crises :
  • pertes de marché,
  • restructurations,
  • pannes, incidents,
  • menaces technologiques ou commerciales.

LE MÉTIER LIÉ AUX FAÇONS DE FAIRE

— Les rapports commercial/production.
— Les rapports recherche/fabrication.
— Les rapports entreprise/environnement.
— Les rapports activités de gestion/activités opérationnelles.
— Les rapports logistique/activité.
— Les rapports aux nouvelles technologies (informatique, automatique).

2 — Discussion de la grille

• *Le métier perçu*

Cet ensemble d'informations nous sert à dégager l'image que donne l'entreprise de son métier parce qu'elle a une influence sur ses décisions futures et qu'elle est le résultat de pratiques antérieures.

L'audit de culture est une analyse d'écarts. Le métier perçu comparé au métier « réel » que nous envisagerons plus bas est un moyen de mettre en évidence des points de réflexion intéressants. Chaque entreprise a une image à l'extérieur, liée au métier perçu. Cette appréciation de l'extérieur est révélatrice de ce que l'entreprise communique.

• *Le métier apparent*

En adhérant à des organismes professionnels, en signant une convention collective, l'entreprise s'affilie à des organismes marqués par un métier. Ce rapprochement va souvent de soi ; dans d'autres cas, il résulte d'un choix de l'entreprise. Nos relations sociales sont fortement attachées à ces structures professionnelles et la politique de l'entreprise vis-à-vis de la profession est révélatrice du milieu professionnel dont elle veut se rapprocher.

Ceci peut avoir des implications très concrètes : la carte des qualifications de l'entreprise sera le signe d'un métier. En effet, des entreprises qui veulent aujourd'hui faire évoluer technologiquement leurs productions sont freinées par des qualifications professionnelles qui ne le leur permettent pas. Telle entreprise mécanique ne parvient pas à automatiser sa fabrication parce que ses qualifications ne sont que mécaniques. C'est donc un métier implicite, imposé à l'entreprise du fait de ses politiques antérieures. La carte des qualifications déterminera des réactions et comportements de production tout aussi pertinents que l'activité initiale ou le tempérament innovateur.

Le cursus-type des dirigeants ou ingénieurs révèle ce que l'on estime nécessaire comme apprentissage du métier pour exercer une autorité dans l'entreprise. Ce n'est plus une image allégorique du métier mais sa mise en pratique dans des décisions très opérationnelles.

Quant à la structure de coûts, elle permet de distinguer où se trouvent les phases-clés du processus de fabrication : elle situe les moments et activités critiques de ce processus.

• *Le métier lié à l'activité*

Cette partie correspond à la notion la plus courante du métier. L'entreprise s'est fondée autour d'une activité initiale : c'est la première définition de son métier. Le métier initial correspond à une activité et non seulement à un produit. On peut dire que le premier métier de Nestlé a été la fabrication d'aliments lactés pour bébés ne supportant pas le lait maternel : ce n'est pas simplement « la farine lactée ».

Le métier se dégage également des historiques de produits et de technologies ; on fera avec intérêt un tableau chronologique des produits en indiquant les dates de lancement et de succès et en établissant des filiations entre ceux-ci. Si nous conservons l'exemple de Nestlé, plusieurs filières peuvent être dessinées : une d'elle est particulièrement nette, celle du « SEC », du produit alimentaire vendu sous forme sèche : vous pouvez ainsi reconstruire une filiation depuis la farine lactée du siècle dernier jusqu'à Bolino en passant par le Nescafé, Nesquick, le bouillon Maggi et Ricoré.

Là encore, c'est en partant des données concrètes de l'évolution de la société plus que de ses affirmations stratégiques que peuvent apparaître des logiques.

La structure est également signe du métier. Il est utile de repérer le regroupement des produits en lignes, branches ou divisions. Ce classement peut faire apparaître des conceptions différentes de l'activité qui précisent le ou les métiers (il peut ne révéler que des problèmes d'hommes ou de direction).

On fera ensuite une enquête sur les particularités de l'entreprise à chacune des phases de son processus de production. Cette partie est difficile à mettre en œuvre car les cadres et dirigeants d'une entreprise considèrent souvent que leur mode de gestion est naturel, normal, étant donné les contraintes d'activité auxquelles leur organisation se trouve confrontée. En fait, il existe de très fortes différences de fonctionnement courant entre des entreprises comparables du même secteur. Les procédures de lancement de produits par exemple varient très fortement alors que pour deux entreprises intervenant sur le secteur des biens de grande consommation, l'arsenal des techniques, choix, outils et actions indispensables est tout à fait semblable ; nous avons noté chez deux grands groupes internationaux une opposition totale à propos de cette procédure ; l'un suivait très rigoureusement un corps de procédures très précisément fixé, alors que l'autre ne suivait aucune procédure formalisée.

Le processus de « production » dans la grande distribution est très simple à décrire ; on retrouve partout une fonction d'achats, d'organisation du magasin, de merchandising. Même si les hypermarchés apparaissent très semblables au consommateur, leurs fonctions principales sont en fait réparties de manière très différente entre une chaîne qui confie les achats à chaque chef de rayon dans le cadre d'accords globaux assez lâches passés entre la chaîne et les fournisseurs et son concurrent qui ne fait que mettre en rayon ce que la centrale d'achats aura programmé de lui faire vendre. Dans ce cas, ce ne sont pas de simples différences d'organisation, mais une conception opposée de l'activité de distribution et donc du métier.

• *Le métier lié aux savoir-faire*

Pour réaliser son activité principale, l'entreprise doit s'organiser, se structurer, développer des activités fonctionnelles. Son métier s'affirme tout autant dans ces aspects « annexes ».

La vente par correspondance est un métier. Une entreprise comme La Redoute a très bien réussi dans ce métier très difficile dont elle a été le pionnier français. Ce succès lui a permis de développer probablement le plus gros fichier privé français. L'utilisation efficace de ce fichier devient pour elle un nouveau métier alors qu'elle n'était que le passage obligé pour sa mission première.

Le métier de la presse aujourd'hui est tout autant de marketing pour savoir toucher des cibles de marché que de gestion du temps pour savoir sortir le journal à l'heure fixée quoi qu'il advienne.

Les règles de fonctionnement inspirées par les fondateurs ainsi que les crises importantes de son histoire ont permis à l'entreprise de révéler son métier. Nous avons évoqué plus haut l'exemple de cette entreprise de restauration collective qui se lance sur le marché du fast-food et échoue non parce qu'elle ne savait pas assurer ce type de restauration mais parce que le métier qu'elle avait développé concernait une restauration négociée en marché oligopolistique avec très peu de concurrents ; or, cette nouvelle activité était en fait complètement concurrentielle et ressortit donc d'un autre métier. C'est une étude menée à l'issue de cet échec qui a permis de révéler ce que les études de marché préalables ne montraient évidemment pas.

• *Le métier lié aux façons de faire*

Comme toute démarche d'audit procède par écart, certains conflits communs à toute entreprise donnent une bonne image du métier de l'entreprise. L'entreprise est plutôt commerciale ou de production dans le conflit qui oppose traditionnellement ces deux fonctions, elle favorise la recherche ou la fabrication ; ce type de questions apportent des renseignements précieux :

— on s'aperçoit généralement qu'une situation actuelle est souvent opposée à une situation passée où le conflit ne se résolvait pas de la même façon ;

— on s'aperçoit que les opinions sur ces questions sont généralement partagées : elles correspondent à une vision commune de la situation et ce, même si elles contredisent beaucoup de faits observés. Lors d'un diagnostic culturel d'un organisme de formation, l'opinion générale apparut que les opérationnels avaient le pouvoir, c'est-à-dire l'ensemble des conseillers et formateurs qui menaient les activités facturées par l'organisme. La suite du diagnostic nous révéla que l'administration de l'organisme, avec ses règles, sa présence permanente sur le terrain, assurait en fait un pouvoir bien plus important qu'elle ne l'imaginait elle-même : la définition du métier qui en découla — afin d'éclairer quelques traits de la culture de cet organisme — tint plus compte de cette activité fonctionnelle que l'opinion générale ne pouvait le laisser prévoir.

C. ADAPTATIONS DE LA GRILLE MÉTIER

Deux grandes questions peuvent se poser en travaillant sur le métier.

1 — Un ou plusieurs métiers ?

Généralement quand on parle de plusieurs métiers pour une entreprise, on pense à plusieurs métiers-activités. Effectivement les grands groupes industriels en rassemblent souvent plusieurs. Cela est si vrai que les outils juridiques de filialisation et de restructuration servent à le matérialiser. En décembre 1985, Intertechnique est arrivé en Bourse à grands renforts de publicité. Cette entreprise très performante construit toute sa croissance dans l'aéronautique. Elle dispose d'une compétence incontestée dans la fabrication de certaines pièces. Depuis quelques années elle a développé une activité d'informatique de gestion qui représente une grosse part de l'activité du groupe. En 1985, Intertechnique devient un groupe avec deux sociétés dont l'une s'occupe de l'aéronautique et l'autre de l'informatique. Les deux activités ressortissant de métiers très différents se sont séparées.

Les grands groupes industriels préfèrent souvent distinguer des activités qui n'apparaissent pas totalement liées, en tenant parfois à complètement différencier activités, nom, logo, siège social. Bien entendu, des raisons commerciales, financières, voire des considérations d'image sont en jeu mais le sentiment d'une incompatibilité des métiers sous-jacents également.

En deçà d'une diversité d'activités peut se cacher un métier commun. Détrie et Ramanantsoa (12) citent les célèbres exemples de Bic et Waterman. Entre le stylo... Bic et les rasoirs jetables se trouve le métier de l'entreprise : objet usuel, jetable, résultat d'une injection plastique. Entre les briquets Dupont et... les pipes en racine de bruyère du même nom il y a aussi le métier de cette entreprise d'origine savoyarde : ce ne sont pas les articles de fumeur mais... les produits de luxe dont la gamme se complète avec les stylos et la maroquinerie.

Un métier ne s'exprime pas d'un mot. Décrire le métier, c'est décliner un ensemble de propriétés tenant de l'activité mais aussi des savoir-faire et des façons de faire ; l'auditeur doit ensuite trouver une cohérence ou plusieurs lignes d'explication à cet ensemble.

Le meilleur moyen de déceler le métier de l'entreprise est de répondre au maximum des questions composant la grille : le métier dont nous avons besoin pour préciser la culture de l'entreprise, c'est cette version composite de toutes les particularités de l'entreprise qui en précise le fonctionnement en la différenciant des autres.

2 — L'ABSENCE DE MÉTIER

C'est le cas d'une entreprise assez particulière dont les activités allaient des cosmétiques aux plantes en passant par les objets en plastique. Le problème de fond a été d'expliciter son métier qui apparaissait même aux yeux de ses directeurs comme le simple rassemblement d'activités disparates accumulées au gré des reprises et des opportunités de marchés. La dispersion géographique des usines, la diversité de ses cadres de ses productions avaient plutôt tendance à conforter pour le comité de direction l'idée que décidément, ils n'étaient pas comme les autres et c'était bien là leur seule caractéristique...

Après une étude plus longue, on s'est aperçu que leur métier ne résidait effectivement pas dans un type de technologie ni de production mais :

— dans une attention aux critères de rentabilité plutôt que de croissance ;
— dans une capacité à répondre très rapidement à n'importe quelle opportunité du marché pour des produits de grande consomma-

(12) Détrie (J.-P.), Ramanantsoa (B.), *op. cit.*

tion ne nécessitant pas de technologie particulière autre que le conditionnement ;
— dans une capacité à traiter avec la grande distribution.

Quelques règles à conserver pour la démarche d'audit :
— rassembler un ensemble de signes autour des particularités dont fait preuve l'entreprise dans la réalisation de sa mission ;
— pratiquer le plus possible l'analyse d'écarts avec d'autres situations étant donné la difficulté que peut avoir une entreprise à considérer qu'elle agit autrement que sous la pression de contraintes qui ne lui laissent aucune liberté de choix ;
— toujours faire l'hypothèse qu'il existe un métier fédérateur ou une logique fondatrice à l'ensemble des particularismes de l'entreprise.

4.4. LES VALEURS

A. LE RÔLE DES VALEURS

Toute considération de culture d'entreprise s'accompagne d'investigations ou professions de foi sur les valeurs, l'éthique, la philosophie, la charte ou les principes.

L'époque utilise le concept à tout propos ; retour aux valeurs passées, réhabilitation des valeurs, valeurs du temps présent, sont autant d'expressions qui déteignent de la morale et de la sociologie vers l'économie et l'entreprise. Une publicité institutionnelle pour une grande marque de voitures allemandes proclamait en 1984 : « Quand les temps sont durs, il faut revenir aux valeurs sûres. »

On se trouve donc immédiatement confronté à un simple problème de définition. Pour R. Hugonnier, dans un article intitulé *« Prendre l'entreprise comme système de valeurs »* (13), la culture ne serait rien d'autre « qu'un système de valeurs implicite que les hommes, à tous niveaux, seront capables, si on leur en donne l'occasion, d'exprimer ». Culture et valeurs seraient donc synonymes et ce, pour l'auteur, au sein d'une évolution plus globale des valeurs qui sous-tendent les entreprises en général (initiative, responsabilité, rendement, performance, compétition, justice, etc.).

Ceci constitue les deux limites de la notion de valeur :
— est-ce différent de la culture ou pas ? Les valeurs sont-elles autre chose que le résumé des dimensions qualitatives de l'activité d'entreprise ? Si oui, en quoi les valeurs complètent-elles l'ensemble des matériaux de base de la culture ?

---

(13) Hugonnier (R.), *Prendre l'entreprise comme système de valeurs*, Direction et Gestion, n° 6, 1982.

— y a-t-il des valeurs particulières à chaque entreprise ou sont-elles seulement la déclinaison de valeurs plus générales qui caractérisent la mission d'un agent économique-entreprise intervenant dans un milieu donné ?

Les valeurs d'une personne correspondent à ce qui est beau, bon, juste, bien selon son propre jugement.

Les valeurs, c'est ce que l'entreprise estime être le *bien* :

— les valeurs peuvent donc s'édicter comme des principes moraux, en termes de « il faut » ou « il ne faut pas » ;
— elles servent de référence lors de choix que fait l'entreprise. Ces choix concernent de grandes décisions stratégiques mais aussi la conception, l'utilisation et le développement d'outils de gestion ;
— elles ne se caractérisent pas par le type de décisions qu'elles permettent de fonder : pour une entreprise, ses valeurs seront prégnantes lors de choix financiers, organisationnels, commerciaux ou sociaux ;
— c'est l'entreprise qui donne un contenu à ces valeurs : il ne préexiste pas ; chaque entreprise fonctionne, sur des domaines de gestion semblables, avec des conceptions très différentes de ce qui est bien et mal ;
— Le contenu des valeurs ne doit pas se confondre avec son explication. On peut justifier le fondement et la logique de ce qu'une entreprise estime être la bonne relation avec la clientèle : ce qui nous occupe, c'est de la définir et d'en retrouver concrètement les traces ;
— les valeurs sont opérationnelles ; elles ne sont pas que des croyances ou pétitions de principe : elles fonctionnent dans la réalité quotidienne de l'entreprise à travers ses modes de gestion, ses procédures.

Par valeur, on entend des principes désincarnés, très connotés moralement. Les valeurs proposées au premier abord sont d'ailleurs si générales et si « valorisantes » que personne n'oserait revendiquer autre chose.

Elles concernent généralement deux types d'énoncé :

— L'énoncé MORAL qui transpose au plan de l'entreprise des valeurs morales individuelles : honnêteté, respect, justice.
— L'énoncé FONCTIONNEL qui donne à une fonction ou domaine particulier de la gestion une place primordiale : ce sont les préoccupations sociales qui apparaissent dans de nombreux écrits de B.S.N., ou le service du client d'I.B.M., voire la ponctualité de la S.N.C.F.

Au-delà de cette formulation auto-satisfaite, les valeurs fondent beaucoup de procédures de gestion : c'est leur aspect opérationnel. Elles ne sont pas toujours affirmées et des valeurs affirmées n'ont pas toujours d'effets pratiques.

Dans les systèmes de rémunération, d'évaluation, de contrôle budgétaire apparaissent des comportements suscités ou des effets pervers « désirés » : cette dimension des valeurs est sans doute la plus importante en ce qui nous concerne.

B. LA GRILLE VALEURS

1 — LA LISTE DES INFORMATIONS

Trois niveaux doivent être distingués.

En comparaison des domaines précédents, l'information de base n'est pas forcément utilisable immédiatement ; il est nécessaire de procéder à une analyse du matériau de base ci-dessous proposé.

DES VALEURS DÉCLARÉES

- dans la charte ou la philosophie affirmée de l'entreprise,
- dans les discours du président,
- dans la presse d'entreprise,
- dans le livret d'accueil,
- dans la communication externe (publicité-produits et publicité institutionnelle).

DES VALEURS APPARENTES

- dans le choix des héros,
- dans le choix des dirigeants,
- dans le choix de ce qu'on estime être une réussite (produit, carrière, choix stratégique, décision, appréciation de la concurrence),
- dans la communication externe,
- dans les récompenses publiques (meilleur employé de l'année, résultats des challenges).

DES VALEURS OPÉRATIONNELLES

- dans les systèmes de contrôle :
  - suivi budgétaire,
  - évaluation des performances,
  - évaluation du personnel,
  - rémunération,
  - règlement intérieur (écrit ou tacite),
- dans certaines procédures de gestion :
  - recrutement,
  - affectation des bureaux,
  - gestion des carrières,
  - programme de réduction des coûts,
  - relations structurelles (entre filiales, divisions, siège, fonctions).

DES ATTITUDES

- par rapport au système bureaucratique,
- par rapport à l'environnement,
- par rapport à la concurrence.

2 — Discussion de la grille

Ce tableau distingue entre trois sources pertinentes d'informations pour dégager les valeurs de l'entreprise :

• *Valeurs déclarées*

Elles apparaissent dans des documents prévus à cet effet (livret d'accueil, charte affichée dans le hall et les bureaux, discours du président et plaquettes) ; elles sont peu nombreuses et s'intègrent souvent dans des chartes.

On ne déclare pas ses valeurs par simple narcissisme mais, comme l'affirme l'une de ces entreprises « pour que chacun sache comment l'entreprise le jugera et sur quels critères il réussira ou échouera ». Un manager de cette entreprise disait que par méconnaissance de ces valeurs, le nouvel employé avait une chance sur deux de se tromper en ne se référant qu'à son expérience passée. Ces valeurs sont donc perçues comme fortes et étroitement liées aux comportements quotidiens de chacun. La simplicité et la banalité de leur libellé ne peut donc être qu'une apparence. Leur existence est un élément de l'enquête : dans tous les cas un tel discours a un sens qui doit être affiné dans sa mise en œuvre.

Le consultant notera la permanence de ce discours, sa fréquence, sa visibilité : il existe des entreprises qui affichent leur philosophie et d'autres qui la cachent.

• *Valeurs apparentes*

Nous entendons par là des valeurs qui ne sont pas expressément proclamées mais qui transparaissent dans un certain nombre d'événements ou décisions.

Le choix des héros est très significatif : un héros a acquis ce statut à cause de sa déviance ; il est pourfendeur de valeurs mais il en est aussi le créateur. Il exprime les compétences acceptées comme « bonnes » ou « mauvaises » ; les valeurs techniques opposées à administratives ou gestionnaires ; le service du client ou du produit ; l'entreprise par rapport à la vie personnelle mais aussi ses normes de rétribution apparaissent en filigrane dans le choix des héros et surtout les légendes dont ils sont à l'origine.

Les valeurs apparaissent dans les critères de réussite.

La définition du bon produit dans une entreprise de biens de consommation, de la réussite en matière commerciale les critères d'une bonne carrière de cadre sont quelques-unes des étapes de la découverte des valeurs.

L'étude de la communication externe, spécialement la publicité institutionnelle, est également très révélatrice : c'est le message que l'entreprise veut faire passer à l'extérieur : il est obligatoirement le compromis d'un idéal et d'un existant ; en ce sens ces informations servent de contrepoint aux matériaux précédents.

• *Valeurs opérationnelles*

Cette catégorie d'informations tente de cerner les valeurs de l'entreprise dans leur pratique quotidienne. Le meilleur terrain d'observation est évidemment celui des systèmes de contrôle courants de l'entreprise. Donnons-en quelques exemples :

— évaluation des performances : aujourd'hui les entreprises mettent en place des systèmes de contrôle des performances avec une double préoccupation de rémunération et de gestion de carrière ; celles qui ont mis en place ces systèmes se sont trouvées confrontées au choix des critères d'appréciation mais aussi de la procédure. Les critères d'évaluation, les choix en matière de décentralisation de la procédure, les effets de l'évaluation et sa transparence sont autant de domaines où s'exprimeront les valeurs. Un grand groupe d'assurances par exemple met en place un système d'appréciation dans lequel celle-ci est non obligatoire et sans effets sur la rémunération...

— rémunérations : la comparaison entre Digital Equipment et ses concurrents est significative : le premier ne rémunère pas ses vendeurs à la commission alors que tous ses concurrents le font ; ce système original s'avérera très symptomatique d'une culture fortement axée sur la production, l'innovation et la technologie plutôt que le commercial. Que dire de cette petite entreprise du secteur B.T.P. dont les salaires sont complètement individualisés (jusqu'à la secrétaire administrative) : c'est une entreprise formée de nombreuses petites unités (une dizaine de personnes) où les activités sont toutes sous-traitées, où le mode de commercialisation des produits est foncièrement original, où la structure représente un modèle d'adhocratie ;

— suivi budgétaire : bien souvent ces procédures (14) appartiennent à de volumineux et très lourds systèmes de gestion créés il y a de nombreuses années et leur contenu très technocratique apparaît comme une évidence comptable et non comme un choix de l'entreprise. A les regarder de plus près, on s'aperçoit que, sinon dans leur conception, du moins dans leur mise en œuvre pratique, ils ne traitent pas toutes les informations ou les points de procédure avec la même attention : les résultats de la procédure ne sont pas équivalents et les tableaux de bord informels qui en sont tirés apportent souvent de très bonnes informations sur ce que l'on estime important ou pas ;

— le règlement intérieur a certainement perdu de sa richesse après la loi de 1982 qui en fixe les limites. Dans son application pratique, il est riche d'enseignement. Le consultant recensera avec intérêt les sanctions prononcées et les notes de service de la direction : elles mettent généralement l'accent sur des points très sensibles et révélateurs des valeurs de l'entreprise.

---

(14) Maitre (P.), *Plans d'entreprise et contrôle de gestion,* Dunod, 1984.

D'autres procédures de gestion seront analysées :

— Le recrutement :

Dans certaines entreprises le recruteur doit argumenter son avis sur le candidat en référence aux valeurs de l'entreprise et des espaces sont prévus à cet effet dans les documents qu'il remplit ; dans une entreprise américaine à très forte culture, le recruteur doit tester « l'honnêteté, la transparence et la simplicité ».

Des méthodes nouvelles comme celle des « assessment centers » invitent dans la pratique les supérieurs hiérarchiques à se prononcer sur la cohérence entre le candidat et les valeurs de la maison ou — moins pudiquement — sur sa capacité à se fondre dans les valeurs de la maison.

• *Attitudes*

Chaque entreprise a, comme une personne, des attitudes révélatrices de son système de valeurs. Elles procèdent de ce qu'on appelle une vision du monde. C'est une vision de la concurrence, du fonctionnement de l'économie, du marché, de la bureaucratie.

Prenons quelques exemples :

— la concurrence est souvent perçue, non par rapport à ce qu'elle est mais à ce que nous sommes. Elle est créditée de ce que l'on estime insuffisant chez soi. Très souvent des points forts ne sont pas perçus ; il nous est arrivé d'avoir chez deux concurrents des discours complètement semblables sur ce qu'était l'autre ; ces discours avaient peu d'intérêt dans leur contenu mais ils exprimaient une anxiété profonde sur ce que chaque entreprise analysait comme une dérive par rapport à son système de valeurs. Louer les qualités des procédures de lancement de produit dans une entreprise agro-alimentaire, c'est pour les cadres du groupe concurrent, le moyen d'exprimer le faible poids de la procédure chez eux et ce rapport aux procédures et au fonctionnement bureaucratique est un élément important du système de valeurs ;
— telle autre grand groupe international est célèbre pour la prudence de sa gestion financière. Il l'explique d'ailleurs par les déboires connus par le fondateur lors de la crise de 1929 : l'analyse des attitudes de l'entreprise (à travers ses politiques financières et les comportements de ses cadres) est l'expression de cette donnée fondamentale de l'entreprise.

Cette approche des attitudes est symptomatique de l'exploitation que l'on peut faire du système de valeurs : il permet de construire la « vision du monde » de l'entreprise qui est une dimension première de sa culture.

C. ADAPTATIONS DE LA GRILLE VALEURS

1 — Les valeurs fleurissent-elles dans l'informel ?

Nous avons mis en évidence plus haut l'importance du contrôle social dans les démarches de management. Les valeurs peuvent pallier l'absence de procédures ou normes bureaucratiques. Comme dans une famille où chacun sait comment se comporter sans qu'il existe de code écrit, l'entreprise non bureaucratique devrait se constituer et défendre un corps de valeurs qui encadrent les comportements de chacun.

Les valeurs se développent aussi dans un contexte bureaucratique et ce pour plusieurs raisons :

— quel que soit le degré de formalisation du fonctionnement de l'entreprise selon un corps de règles et de procédures, il existe des champs non réglementés où chacun a besoin de guides pour décider et fonctionner ;

— dans l'application même de ses différentes procédures l'organisation bureaucratique fait apparaître son système de valeurs : nous en avons donné un exemple plus haut avec le système de contrôle budgétaire. Un cadre d'une grande entreprise automobile disait qu'en appliquant l'ensemble des règles et procédures de l'entreprise, il ne produirait jamais une voiture ; tous ces mécanismes d'adaptation de l'entreprise au corps de contraintes auxquelles elle est soumise sont également un matériau d'exploration de son système de valeurs.

Dans ce même ordre d'idées, la délégation, les cercles de qualité, le management sont d'excellents révélateurs des valeurs de l'entreprise.

2 — Plusieurs niveaux de valeurs

Les valeurs très générales à consonance très morale cachent souvent dans leur application des règles très concrètes et souvent beaucoup plus illustratives de la culture de l'entreprise. Le chercheur ne peut donc se satisfaire de ses résultats sur les valeurs qu'après avoir recensé les situations où ses valeurs servent effectivement.

3 — La gestion de l'explicite et de l'implicite

Toute entreprise a des valeurs si on les lui demande. Ce sont d'ailleurs souvent les mêmes d'une entreprise à l'autre mais aujourd'hui, la tendance (dans le projet d'entreprise par exemple) est de les affirmer haut et fort. Le but du consultant n'est pas de vouloir trouver à tout prix les « bonnes valeurs » — celles qui seraient cachées — en dédaignant les valeurs expressément affichées. Il ne faut pas non plus se satisfaire des philosophies déclarées dont on ne tire souvent aucune direction concrète en termes de culture d'entreprise. Les deux sont révélatrices et doivent être testées :

- les valeurs explicites par leur mode de diffusion, le vocabulaire employé, la fréquence d'utilisation, leur origine historique ;
- les valeurs implicites par leur opérationnalité, et la vision du monde et de l'activité économique qu'elles expriment.

4.5. LES SIGNES ET LES SYMBOLES

Nous terminerons volontairement ce recueil des sources avec les signes et les symboles car ils sont très souvent retenus comme les seuls éléments de culture. Nous les rapprochons, même si les deux concepts ne recouvrent pas la même chose. En fait, cette partie s'intéresse à ce qui n'a pas pu apparaître dans les autres, c'est-à-dire l'ensemble de ce que l'entreprise communique sur elle-même dans ses apparences (les signes) ou dans ses totems (symboles).

A. LE RÔLE DES SIGNES-SYMBOLES

Une vaste littérature existe sur « les tics » des entreprises, leurs manies, leurs manières qui, comme celles d'un couple, apparaissent forcément incompréhensibles à celui qui n'en est pas partie. Chacun a ses propres histoires sur le sujet, ce sont souvent les mêmes anecdotes pour les mêmes entreprises, voire les mêmes anecdotes pour des entreprises différentes.

Ces matériaux nous concernent dans la mesure où ils expriment la culture de l'entreprise ; comme pour les valeurs ou le métier, ces signes, quel que soit leur caractère folklorique, devront s'intégrer dans des hypothèses sur la culture de l'entreprise.

1 — Signes et symboles

Par signes, il faut entendre un ensemble de moyens que l'organisation utilise pour communiquer un sens à elle-même, à son environnement. Ils ne naissent pas forcément de l'intention de communiquer un sens mais ils communiquent d'eux-mêmes.

La réponse téléphonique, par exemple, est considérée dans certaines entreprises comme une simple activité non qualifiée pouvant être tenue par n'importe qui à l'issue d'une très courte formation au maniement du standard. Pourtant, celle-ci constitue le premier contact entre l'entreprise et son public. C'est tellement vrai qu'un grand groupe français vient d'investir de fortes sommes pour pallier les insuffisances d'un système de réponse dont la gravité n'était qu'un résumé des problèmes de communication du groupe.

L'accueil du public et du personnel, la presse d'entreprise, la communication externe, l'architecture, l'aménagement des locaux, le hall d'entrée, le parcours du combattant que subit le visiteur sont autant de signes.

Les symboles s'en rapprochent. Ils résument du sens ; l'acte, le geste, le comportement, le rite symbolique reprennent sur eux, tel le totem, tout un ensemble de significations que l'entreprise considère comme importantes. L'intérêt pour la culture va de soi.

Les récompenses données au personnel, le choix du meilleur employé de l'année, les rites du pot de la Sainte-Catherine, du départ et retour de vacances, la journée annuelle des cadres, voire la session annuelle de formation sont des symboles très courants.

Les mythes ressortissent aussi du domaine des symboles. Ils concernent souvent les grandes heures de la société ; ils mettent souvent en scène le directeur ou le fondateur de l'entreprise dans une situation ne correspondant pas à son rôle officiel. Les situations qui y sont décrites sont toujours exceptionnelles ; le mythe raconte d'ailleurs comment l'entreprise ou le groupe de ses fondateurs a su « faire avec » la catastrophe.

Le dessin du logo est aussi évocateur, plus ou moins sécurisant, dynamique, valorisant. Son choix est le résultat de nombreux aller et retour entre le graphiste et l'entreprise ; la direction de la communication a passé des nuits blanches en discussions avant d'oser le présenter à la direction qui a remis en cause le projet à plusieurs reprises : le logo devient le fruit de ces intenses confrontations qui éclaircissent les idées de ceux qui y participent. On cite toujours à ce propos la transformation du logo de Rhône-Poulenc dont les contours s'arrondirent en penchant vers la droite et l'avenir.

2 — Enjeux des signes et symboles

L'intérêt de ces signes et symboles est leur visibilité : c'est la partie émergée d'un certain nombre de valeurs ou de logiques de fonctionnement de l'entreprise. Cette partie est censée résumer ou signifier le tout ; comme on prête à certaines cellules la capacité de résumer l'ensemble des caractéristiques de l'organisme qui les contient, de même les signes et symboles reproduisent l'entreprise et sa logique en minuscule.

De la visibilité des signes et symboles, il faudra retenir la nécessité de recueillir tout ce qui peut constituer « du signe ». Un ouvrage comme *« les carriéristes »* (15) maniait l'humour en donnant le guide des signes par groupe afin de faciliter la carrière des jeunes cadres ; il proposait surtout une liste de signes très communément recen-

(15) Wickham-Petterson, *Les Carriéristes*, Ramsay, 1983.

sés comme le mode de relations, l'habillement, le « look ». Dans la pratique, il faut le plus souvent s'extraire de cette liste trop stéréotypée de signes pour découvrir ceux que l'on ne soupçonne pas au premier abord : la taille des paillassons devant le bureau proportionnelle au grade tenu par son occupant, le langage codé, le stylo donné au personnel pour fêter l'anniversaire du groupe sont des signes plus originaux et souvent plus riches de sens.

3 — Pour suivre la grille des signes

Les signes concernent l'ensemble de ce qui, dans le fonctionnement quotidien peut avoir un sens sur les logiques qui fondent le fonctionnement de l'entreprise ; pour les symboles, c'est plutôt le résumé de toute une réalité que l'on veut retrouver dans un fait, un rite ou une historiette. Le chercheur doit donc osciller entre ce qui est banal et ce qui s'avère chargé d'un sens profond.

A s'intéresser aux signes, le superficiel nous guette qui fait prendre en compte des faits isolés d'un faisceau d'indices sur un trait de la culture. Reste ensuite à prouver que les symboles symbolisent bien quelque chose. Signes et symboles flattent la curiosité et le goût de la découverte l'auditeur doit être encore plus prudent sur ce type de matériaux que sur les autres : l'audit de culture accepte l'anecdote dans la mesure où elle se relie à un ensemble de faits supportant une hypothèse. Nous remarquons de plus en plus que beaucoup d'entreprises entretiennent leurs signes : l'une d'entre elles a même publié un glossaire à usage interne de l'ensemble des mots particuliers qu'elle utilisait : ce n'est pas forcément dans ce glossaire que se situent les caractères les plus opérationnels de sa culture.

B. LA GRILLE SIGNES-SYMBOLES

1 — La liste des informations

SIGNES

- vis-à-vis de l'extérieur :
  - réponse téléphonique,
  - accueil des visiteurs,
  - communication externe,
  - accueil des fournisseurs, postulants, clients,
  - style du secrétariat et des personnels en contact avec l'extérieur ;
- comportements :
  - langage,
  - habillement,
  - standard de consommation apparent des cadres,

• type de relations (tutoiement, portes ouvertes),
• restaurant ou cafétéria ;

— espace :
• circulation dans les locaux,
• architecture,
• aménagement des locaux : agencement, matériel, mobilier,
• couleurs ;

— gestion du temps :
• répartition du temps individuel ou collectif pour les cadres,
• horaires et attitudes vis-à-vis des horaires,
• rapport entre le temps disposé et le temps privé ;

SYMBOLES

— rites :
• pots, fêtes,
• activités du comité d'entreprise,
• information du personnel,
• publicité de la promotion ou systèmes de récompense,
• prises de fonction et annonce des mutations ;

— histoires :
• concernant les dirigeants,
• sur des événements importants de l'entreprise ;

— logos.

2 — Discussion de la grille

• *Signes extérieurs*

La liste ci-dessus n'est évidemment pas exhaustive. L'intérêt de cette catégorie de signes concerne la présentation de l'entreprise par elle-même à l'extérieur. Cette présentation se fait parfois à son insu. L'exercice qui consiste à faire percevoir à l'entreprise les caractères de ce qu'elle communique à l'extérieur est toujours très surprenant.

• *Comportements*

C'est l'aspect le plus évident de toute approche superficielle de la culture.

• *Gestion du temps*

La gestion du temps est un thème à la mode, un facteur d'hygiène pour tous les cadres. Nous l'employons comme révélateur d'un mode d'organisation et d'attitudes par rapport à l'activité organisée. Il existe quelques points cruciaux à repérer : la balance entre temps passé seul et temps collectif, mais aussi le temps passé à des activités de court ou long terme et l'équilibre entre temps dont l'organisation dispose et temps privé. Ces indices révélés par la gestion du temps ne concernent que des personnels qui ont effectivement une marge de manœuvre quant à la gestion de leur temps. Nous supposons en ce qui les concerne qu'ils ne sont pas responsables totalement de l'utilisation de leur marge de manœuvre mais que leur gestion du temps est un révélateur du fonctionnement de l'organisation.

• *Symboles*

Notons l'importance spéciale des historiettes racontées dans les entreprises : c'est, avec les légendes, mythes, une source très riche dont on notera toutes les nuances selon les versions diverses qui ne manqueront pas d'être données.

C. ADAPTATIONS DE LA GRILLE SIGNES

• *Signes de quoi*

Beaucoup d'entreprises sont sensibles à ces signes ; actuellement, les logos, accueils, réponses téléphoniques sont l'objet de nombreuses recherches et attentions. Des entreprises peaufinent également leurs tics et manies. Les signes et symboles ont-ils encore une valeur dans ces conditions ?

D'expérience, nous nous sommes aperçus que les « tics » que l'entreprise mettait en avant correspondaient à une particularité de celle-ci ; après avoir été formalisé, cet ensemble de signes n'a plus forcément, dans la carte des indices culturels, l'importance relative qu'ils avaient au moment où il est apparu nécessaire de les formaliser. Ce souci de formalisation des caractères particuliers est en soi... un signe.

• *Absence de signes ?*

Cette situation ne se présente jamais. Les participants de l'entreprise relèvent effectivement souvent des signes qui sont en fait communs à la plupart des entreprises (quant au style de relations, à l'existence de certains rites, aux normes d'habillement et de présentation de soi). Il arrive le plus souvent que l'on ait trop de signes, difficiles à relier et à recomposer dans des logiques.

Deux conseils principaux pour cette partie :

— signes et symboles ne sont qu'un matériau superficiel ; très important en quantité, il doit être soutenu, conforté par d'autres signes ou indices relevés. Cette remarque est importante parce que les signes sont les informations les plus faciles à recueillir ;
— les signes sont paradoxalement les indices les plus difficiles à expliquer et relier à des hypothèses car l'organisation joue souvent de ses signes et beaucoup de ceux-ci n'ont de signification que pour des groupes particuliers à l'intérieur de l'entreprise : ils ne sont donc pas des indices de la culture de l'ensemble.

CHAPITRE 5

LES DÉMARCHES D'ÉTUDE DE LA CULTURE

5.1. LES DEUX MÉTHODOLOGIES

Les études sur la culture — totales ou partielles — ressortissent de deux types principaux de méthodologies.

La première procède d'une approche « ethnographique » de l'entreprise. Des chercheurs et intervenants empruntent aux ethnologues quelques-uns de leurs outils et méthodes pour comprendre l'entreprise comme leurs prédécesseurs avaient observé et analysé des tribus lointaines. Cette approche très riche mais difficile a donné aux investigations sur la culture des rapprochements, des guides et des formes de pensée qui vont certainement aller en s'opérationnalisant de plus en plus.

La seconde est dérivée de tous les travaux particulièrement fameux aux États-Unis d'Organizational Development (O.D.) qui s'attachaient depuis longtemps à une perspective culturelle de l'organisation à des fins de changement et d'évolution globale de celle-ci.

A. LA DÉMARCHE ETHNOGRAPHIQUE

C'est une approche qualitative qui s'est développée aux fins bien particulières de compréhension de populations lointaines.

Sa pertinence ne concerne pas seulement un corps de méthodes d'investigation mais aussi des procédures d'interprétation du matériau collecté : c'est effectivement sur ce plan-là que se concrétisent les similitudes d'approche avec l'approche de la culture des organisations.

Sur un plan méthodologique, l'ethnographie requiert du chercheur une observation participante longue et rigoureuse qui l'implique totalement dans la situation qu'il essaie de comprendre : cela doit lui permettre de « sentir » la réalité de l'organisation comme ceux qui la vivent (1).

Le chercheur doit avoir l'expérience d'autres cultures pour percevoir toutes les particularités de son terrain. Il doit aussi être capable — c'est le test de qualité de son travail — de décrire la culture d'une façon telle que le nouveau venu puisse comprendre ce qui se passe, voire anticiper le fonctionnement de la société qui a été observée et décrite.

Sur le plan de l'interprétation des données recueillies, on peut distinguer plusieurs approches théoriques empruntées à l'analyse des différentes théories de l'ethnographie.

Selon P.-R. Sanday (2), trois styles d'interprétation ethnographique résument les différentes théories :

— Un style holistique qui appréhende la culture comme un système dynamique tendant vers l'équilibre. Le propre du chercheur est de dégager les différentes composantes de ce système, d'élucider leurs interactions.
En matière de culture d'entreprise, cette approche revient à considérer l'entreprise comme un système avec ses différents sous-systèmes de fonctions ou d'activités que le chercheur étudie.

— Un style « sémiotique » : alors que le « tout » était l'objet d'étude de l'approche précédente, c'est ici le sens. L'ethnographe va s'attacher à des formes culturelles (comme les formes de propriété par exemple) pour en construire des typologies. C'est moins le contenu de ces formes culturelles que leur fonction qui intéresse le chercheur.
On voit la proximité de cette approche avec ce que nous avons présenté plus haut des matériaux de base de la culture ; en culture d'organisation, nous chercherions également à classer des signes comme les systèmes de récompenses, modes de promotion, définitions de l'échec et du succès afin de découvrir leur fonction et le sens « culturel » qu'ils induisent.

— Un style behavioriste : l'objet de cette approche est de fournir des données sur des catégories de faits et comportements pertinents qui avaient été présélectionnées. Le but est plus ici de découvrir des co-variations d'éléments de culture considérés *a priori* comme pertinents. Cette dernière approche semble plus opérationnelle. Ni le « tout », ni le sens, elle s'intéresse plutôt aux comportements observables qu'elle classe et compare.
Dans le domaine qui nous occupe, ces approches consisteraient

---

(1) On se référera avec intérêt aux ouvrages de J.-G. Padioleau : *Quand la France s'enferre,* P.U.F., 1983. *« Le Monde »* et *« Le Washington Post »,* P.U.F., 1985, ainsi que la revue mensuelle *« Dragon ».* Rédacteur en chef : Vincent Degot, 44, rue des Écoles, 75005 Paris.

(2) Sanday (P.R.), *The Ethnographic Paradigms,* A.S.Q., vol. 24, déc. 1979.

à partir de faits culturels considérés comme pertinents afin d'établir des liens et des différences entre les entreprises.

En France deux groupes de recherche ont développé cette approche particulière des organisations (les centres de recherche en gestion de l'École Polytechnique et de l'École des Mines) ainsi que des sociologues comme J.-G. Padioleau même si la culture d'entreprise n'était pas son objet premier d'étude (1).

Comme le dit J.-C. Moisdon, cette approche ethnographique s'oppose à la « croyance que ces entités familières que sont les organisations sociales, ne recèleraient aucun mystère et que chacun pourrait, somme toute, imaginer leur fonctionnement depuis son bureau » (3).

La démarche ethnographique se fonde sur l'idée que l'organisation est observable et que les comportements de ses acteurs relèvent d'une certaine logique permanente que Moisdon assimile à un déterminisme.

L'ethnographe des organisations travaille dans l'organisation ; ses matériaux de base sont des entretiens, les documents de l'entreprise mais aussi le test permanent de ses hypothèses auprès du terrain sur lequel il travaille (M. Mathieu) (4).

Dans la pratique, ces méthodologies sont effectivement utilisées ; elles ressortissent d'une approche culturelle de l'organisation même si la culture n'en est pas le produit premier. J.-C. Moisdon insiste sur l'existence d'une demande de l'organisation à la base de son intervention ; celle-ci se rapporte à des problèmes concrets de gestion : baisse de qualité d'un service rendu à la clientèle, manque d'outils de contrôle de l'activité, aménagement du temps de travail pour des postes.

Ce premier type de démarches procède donc essentiellement par observation directe ; leur objet n'est pas forcément la culture de l'entreprise mais l'hypothèse de son existence et de son importance guide les chercheurs dans la résolution des problèmes de gestion qui leur sont posés.

B. LES DÉMARCHES RELEVANT DE L'O.D.

Au milieu des années 70 parvenaient en France un certain nombre d'ouvrages sur l'O.D. au développement des organisations. Des psychosociologues américains concernés par les problèmes de changement, d'adaptation et d'évolution des organisations s'interrogeaient sur le sens et les techniques propices à ce changement. Leurs théories étaient appuyées par des expériences convaincan-

---

(3) Moisdon (J.-C.), *Recherche en gestion et intervention,* R.F.G., n° 47-48.

(4) Mathieu (M.), *Ethnographie des Organisations,* C.R.G., juillet 1984. Degot (V.), *L'entreprise comme système culturel,* R.F.G., nov. 1981.

tes de transformation de l'organisation, des modes de fonctionnement et du management de grands groupes américains à leur plus haut niveau. Il est symptomatique de voir qu'un des premiers ouvrages importants publiés sur la culture d'entreprise ait pour auteur M. Schein, dont tous les spécialistes avaient lu les écrits sur l'O.D. et ses utilisations dans la consultation (5).

Dans son dernier ouvrage, E. Schein propose une méthode visant à mettre en évidence les traits principaux de la culture d'entreprise ; sa méthode se rapproche des techniques de diagnostic de l'O.D. dont le but était de faire prendre conscience à l'entreprise de ses modes de fonctionnement afin de les faire évoluer.

Sa méthode tente d'éviter deux écueils principaux :

— La subjectivité : le consultant a très vite tendance à fournir des explications de ce qu'il rencontre dans l'organisation même si la durée de son séjour ne lui laisse pas apparaître toutes les nuances de ces situations ; de nombreux contacts avec le terrain lui-même, doivent créer la confrontation de ces résultats intermédiaires.

— Les caractéristiques culturelles de l'organisation sont — presque par définition — invisibles à l'organisation elle-même qui considère comme normales ou « allant de soi » ses pratiques courantes ; celui-ci doit, par le dialogue, persuader de la pertinence et de la singularité de ce que l'organisation considère comme normal afin de la faire agir et réagir.

La première caractéristique de cette approche est donc de se mener en relation constante avec l'entreprise elle-même.

La seconde caractéristique est la succession de dix étapes (5) :

1 — L'arrivée dans l'organisation et l'intérêt porté aux « surprises ».
Le consultant entre dans l'entreprise avec une très grande attention à ce qu'il observe, d'autant plus qu'il intervient dans de nombreuses entreprises et se trouve plus sensible à toutes les différences que l'on ne perçoit pas toujours de l'intérieur.

2 — Observation systématique et vérification.
L'observation systématique permet de repérer et mesurer ces fameuses « surprises » du consultant ; elle permet surtout de vérifier que les événements observés ne sont pas exceptionnels mais correspondent bien à des faits répétés et révélateurs.

3 — Repérage d'un membre de l'organisation motivé par l'opération.
Dès qu'il le peut, le consultant s'associe dans sa démarche à un membre de l'organisation qui est motivé par la démar-

(5) Schein (E.H.), *op. cit.*

che : le consultant peut ainsi faire discuter ses observations.

4 — Révélation des surprises et intuitions.
Cette révélation intervient quand le client est préparé (étape précédente). La forme de ce retour d'informations est cruciale : elle doit être très concrète, éviter les abstractions qui pourraient apparaître comme des jugements.

5 — Exploration conjointe et recherche des explications.
Le consultant s'aide à cette étape des catégories de traits culturels dont il dispose avant l'étude : il essaie de confronter les explications produites à des schémas préexistants dont le seul but est de faire réagir l'organisation. Dans cette étape, le consultant tente aussi d'inciter ses partenaires à apporter des informations complémentaires qui éclaireront les conclusions provisoires de l'enquête.

6 — La formalisation des hypothèses.
Passer d'une intuition à une hypothèse nécessite d'écrire ces hypothèses, de leur imposer une forme syntaxique (ce qui s'avère souvent difficile), et de prévoir les informations complémentaires à recenser pour tester ce qui devient une hypothèse.

7 — Vérification systématique et consolidation
A l'issue des phases précédentes, le consultant dispose d'hypothèses ; il peut maintenant systématiser sa démarche en construisant des guides d'entretien et questionnaires qui pourront être généralisés sur toutes les parties pertinentes de l'organisation. Le consultant sait maintenant non seulement quelles sont les informations pertinentes mais surtout où il doit les chercher.

8 — Niveau de définition des traits de culture.
Si une hypothèse est confirmée, le consultant doit discerner quel est le trait de culture qui opère et surtout, quelles sont ses conséquences sur les comportements dans l'organisation.

9 — Redéfinition permanente.
C'est l'ultime niveau de raffinement du produit final.

10 — Formalisation de la description de la culture par écrit.
C'est le produit final de l'intervention du consultant. C'est un rapport écrit ; il sera la base d'actions ultérieures.

La troisième caractéristique de cette démarche concerne les modes d'investigation utilisés par le consultant.

— Des entretiens très fortement axés sur la perception des événements importants qu'a vécus l'entreprise sont assez largement menés.
— Des interviews de groupe pour proposer et expliciter des hypothèses sur des dimensions particulières de la culture.

L'approche-type O.D. est très marquée par ses origines :

— elle suppose un rôle très important du consultant, personne externe à l'entreprise qui l'aide à mettre en avant les caractères utiles à l'enquête ; le consultant amène l'entreprise sur le terrain de sa culture ;
— elle suppose une acceptation très active de la démarche par les membres-clés de l'entreprise ;
— elle est très longue ;
— son objet n'est pas la seule mise en évidence des traits de la culture mais plutôt son évolution éventuelle après la sensibilisation de toute l'organisation à l'intérêt et à la qualité des matériaux collectés.

Il faut également retenir des deux approches — ethnographique et O.D. — qu'elles donnent toutes les deux un rôle très important au consultant ou chercheur ainsi que sur ses relations avec le terrain. Toutefois, la première sert à mettre en évidence des logiques de fonctionnement de l'organisation, éclairant éventuellement la résolution de problèmes de gestion alors que l'autre a vocation à s'intéresser aux traits de la culture dans la mesure où ils ont une traduction opérationnelle d'une part, et au changement postérieur de cette culture, d'autre part.

E. Schein exprime un peu différemment la différence entre ces deux approches. Pour lui, il existe la démarche ethnographique et la démarche clinique (5). La première est menée par un chercheur qui collecte des données concrètes pour comprendre une culture qui l'intéresse sur un plan scientifique ou intellectuel ; surtout, il appréhende cette culture avec un ensemble de théories et de modèles d'interprétation. Le clinicien, lui, se trouve face à des clients ; ce sont des clients qui recherchent son aide et non le chercheur qui tente de capter l'intérêt de ses partenaires ; pour le clinicien, les modèles éventuels ne peuvent que servir à aider le client.

Cette opinion tranchée ne reflète sans doute pas réellement la coupure entre ceux qui se réclament d'une approche ethnographique et les autres mais elle donne les deux extrêmes d'un continuum d'approches.

C. L'APPLICABILITÉ DE CES MÉTHODES

Ces deux types de méthodes ne recouvrent certainement pas toutes les actions menées avec ou autour de la culture d'entreprise. Mais elles ont été éprouvées :

— Elles sont destinées à résoudre des problèmes concrets ; les approches ethnographiques se sont développées dans les centres de recherche cités pour résoudre des problèmes d'informatisation, d'efficacité des forces de vente, de rationalisation d'un système de distribution, de contrôle de gestion dans les organisations de santé ou dans les chèques postaux ; quant aux approches issues de l'O.D., elles se développent, surtout aux États-Unis, auprès des plus grands groupes industriels.

— Elles utilisent la culture de l'entreprise et sa découverte pour agir efficacement sur l'entreprise. La définition de cette culture n'est donc pas leur fin mais plutôt un passage obligé.

D'autres méthodes existent dont nous n'avons pas parlé parce qu'elles procèdent plutôt de la démarche de recherche ou sont simplement des méthodes d'investigation classiques dans toute enquête qualitative.

— enquête d'opinion interne,
— étude sémantique des discours de l'entreprise,
— élaboration des portraits de l'entreprise,
— repérage de la vitesse de diffusion des messages dans l'entreprise,
— analyse historique.

Les deux grandes catégories de méthodes ont aussi des caractères très différents :

— Les approches ethnographiques mettent l'accent sur la diversité et l'étendue des informations à recueillir, étudier, vérifier : ce champ n'a pas de limites. Les facteurs-clés de succès sont liés au discernement du chercheur, à la qualité de ses informations et de ses relations avec les membres de l'organisation pour recueillir, tester, vérifier et expliquer ce matériau : c'est dans ce sens que le concept d'ethnographie prend tous son sens.

— Les démarches-O.D. insistent plus sur la relation entre consultant et organisation (ou même dirigeant) ainsi que sur le processus de changement qui s'opère durant la phase de diagnostic ou de repérage de la culture.
Le champ des informations recensées paraît moins étendu, très axé sur l'analyse des incidents critiques, des moments forts de la vie de l'entreprise où elle a montré ses façons d'agir et de réagir.
Si l'approche ethnographique paraît plus concernée par le souci de parfaire une description de l'entreprise comme système culturel (6), l'O.D. se centre sur les hypothèses fondamentales (assumptions), ces postulats qui fondent et légitiment les comportements de l'entreprise.

En simplifiant, on pourrait positionner ces approches dans le tableau suivant :

(6) Degot (V.), *op. cit.*

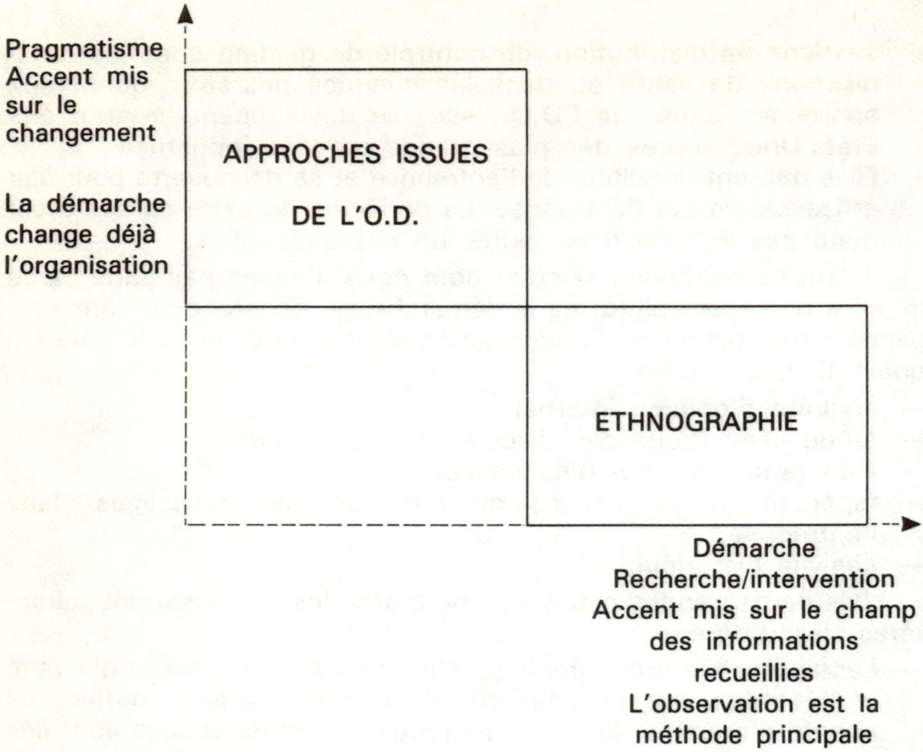

Ces deux approches se retrouvent aujourd'hui sur le terrain commun de la culture d'entreprise en provenant de deux conceptions différentes de l'organisation. L'approche ethnographique considère l'entreprise comme un système culturel et tente de la décrire et d'en apprécier les problèmes selon cette perspective. Pour ce faire, elle adapte les outils de l'ethnographe à ce nouveau champ d'investigations. La démarche issue de l'O.D. est essentiellement préoccupée de changement et développement des organisations afin de les adapter mieux aux exigences de l'environnement et de la coordination interne : pour ce faire, elle considère que des principes tacites — voire inconscients — fondent l'ensemble de son comportement ; c'est dans la culture que se situent ces hypothèses fondamentales.

L'intérêt pédagogique du tableau ci-dessus est trivial. En présentant une matrice (2,2) tronquée, le lecteur aura compris que la démarche idéale se trouve dans le carré supérieur droit qui combine la double qualité d'une large collecte de données et d'une relation efficace d'action sur l'organisation.

Le carré inférieur gauche correspond évidemment aux méthodes à éviter :

— Parce que le champ des sources prises en compte pour apprécier la culture est insuffisant ; c'est par exemple les projets

d'entreprise qui n'appréhendent comme culture que sa vision idéale ou ses signes apparents dans les chartes et proclamations écrites de l'entreprise ; c'est aussi une action sur l'organisation qui impose ou décrète ce que sont des valeurs sans tenir compte de l'état de l'équilibre social existant dans cette entreprise.
— Parce que leur seul but est de dégager des traits de culture sans savoir quelle sera leur utilisation.

5.2. CULTURE D'ENTREPRISE ET INTERVENTION SUR L'ORGANISATION

Les propositions de méthode qui vont suivre tendent donc de pallier les limites des deux approches précédentes en conciliant leurs préoccupations différentes vis-à-vis de l'organisation.

Le principe de cette démarche est de dessiner les principaux traits de la culture de l'entreprise afin de lui permettre d'agir, de se développer, voire de changer. La culture est la connaissance initiale que l'entreprise doit posséder pour réaliser au mieux son adaptation à l'environnement et son intégration interne.

Nous distinguerons deux grandes étapes qui NE SONT PAS CHRONOLOGIQUES mais correspondent à deux actions différentes :

— Le repérage des matériaux de base :
Nous en avons défini plus haut la nature ; nous essaierons de montrer comment les recueillir. En effet, ce repérage doit s'effectuer selon un plan précis afin d'être efficace. L'ensemble des méthodes d'analyse qualitative peuvent être utilisées ; nous distinguerons selon le type de matériaux de base à recueillir afin d'orienter le travail.
— L'action avec l'organisation :
Cette collaboration est essentielle pour le recueil de ces données comme pour leur interprétation et nous décrirons comment elle peut se dérouler. La recherche des traits dominants de la culture s'effectuera toujours en fonction d'objectifs particuliers à chaque entreprise et le mode de relations variera. Toutefois, la qualité de ce travail commun sera également un grand facteur de succès.

A. COMMENT REPÉRER LES MATÉRIAUX DE BASE

On recense un ensemble de matériaux dont on déduira, après analyse, des hypothèses sur la culture de l'entreprise. Pour mieux y parvenir, il faut travailler à l'aide de quelques principes de base.

Principes de base.

Le résultat de cette collecte des informations pertinentes n'est pas « la culture » mais des hypothèses la concernant. Ces hypothèses peuvent être multiples, voire contradictoires ; quelles qu'elles soient, elles devront être validées. La culture d'une entreprise ne se découvre pas facilement, elle ne s'exprime pas en quelques mots ou phrases : c'est une palette de propositions que le consultant a pu valider.

En effet, les évocations de la culture demeurent souvent des références plates (on cite le terme de culture sans préciser son contenu) voire le rappel de quelques-uns de ces signes qui n'en sont que l'expression.

Cette phase de collecte n'est donc qu'une première étape.

Le recueil n'est pas qu'une accumulation ; c'est une recherche d'indices qu'il faut perpétuellement essayer de mailler. Aucun indice ne se suffit à lui-même et c'est moins une grille d'informations collectées dont on a besoin que d'un réseau d'indices qui se structurent autour d'hypothèses sur les traits dominants de la culture.

Le consultant sera donc sensible à ne pas se noyer dans une collecte jamais achevée d'informations nouvelles.

L'attention sera mise sur le test de validité des hypothèses plutôt que sur l'exhaustivité des informations recueillies.

Les *contraintes* de cette étape.

La *première* de ces contraintes est la rapidité de la démarche : elle est imposée par l'entreprise qui attend des résultats immédiatement après avoir structuré sa demande et compris l'intérêt de la culture. Il faut aussi travailler avec rapidité afin d'intégrer des membres de l'organisation dans la phase active de l'intervention.

La *seconde* contrainte est liée au matériau de base lui-même. Il se compose certes des particularités « sympathiques » de l'entreprise mais celles-ci ne se suffisent pas à elles-mêmes. Il faut dégager le sens qui se cache derrière. On se gardera des descriptions trop autosatisfaites des traits de culture dont on ne connaît jamais l'opérationnalité.

Dernière contrainte importante pour cette étape : elle doit être faisable dans l'organisation. On n'utilise jamais assez toutes les informations pertinentes à recueillir hors de l'entreprise ou du moins sans la gêner. L'ensemble des exigences pour l'organisation doivent donc être scrupuleusement fixées avant que cette phase se déroule. Les premières discussions et présentations de résultats ne pourront que faciliter la collecte de données supplémentaires.

Pour recueillir les matériaux de base sur les fondateurs, l'histoire, le métier, les valeurs ou les symboles, quatre principaux types de méthodes peuvent être distingués :

— L'analyse documentaire : il existe sur l'entreprise beaucoup de documents qui sont internes ou externes ; ces documents sont établis avec des préoccupations diverses.

— Les entretiens : ils sont pratiqués auprès de personnes de l'entreprise. Ils apportent beaucoup d'informations sur la situation présente mais aussi la perception du passé.
— L'observation : par observation directe, le consultant peut recueillir un matériau dont la richesse est liée à la qualité des grilles de lecture qu'il saura utiliser.
— Les travaux de groupe : des groupes de personnes appartenant à l'entreprise peuvent travailler sur certains points et constituer une source d'informations nouvelles.

1 — ANALYSE DOCUMENTAIRE

Beaucoup de documents sont utilisables dans cette recherche de culture. Ils sont internes (procédures, livrets d'accueil, rapports financiers et sociaux) mais aussi externes (articles de presse, rapports de notoriété).

Ils se trouvent dans l'entreprise mais aussi à l'extérieur.

Ils sont écrits mais aussi audio-visuels.

Ils se rapportent, enfin, au présent et au passé.

Quelques règles pour une étude documentaire :

— Ne pas négliger l'information située à l'extérieur : elle est facilement et rapidement accessible : les syndicats professionnels, les centres de documentation, les publications économiques, voire les ouvrages ou études publiées sur l'entreprise.
— S'interroger sur l'origine, l'objectif, l'auteur, les circonstances et la destinée des documents utilisés ; les documents sur l'histoire des entreprises, quand ils sont écrits *a posteriori* sont conçus pour donner une information aux membres de l'entreprise : c'est un moyen de développer certaines valeurs, de mettre en évidence des faits ou des événements. Il faut en tenir compte avant de les analyser.
— Dans chaque entreprise n'existe pas forcément un centre de documentation ou d'archives ; ce sont généralement les services de relations extérieures, du personnel, le secrétariat général qui sont les plus riches.
— Ne pas se limiter aux documents d'information (journaux d'entreprise, notes de service) ; les procédures, manuels, catalogues, sont tout aussi intéressants.

Quels documents ?

a) *Documents sur le passé :*

— Ils servent évidemment à l'enquête historique mais aussi à l'analyse des métiers qui apparaissent dans leur continuité autour de produits, de technologies ou d'axes stratégiques.

— Ces documents sont de plusieurs ordres :
  - *archives :* statuts, historique des organigrammes et des produits ;
  - *l'histoire racontée :* dans des publications internes, dans la presse d'entreprise, dans les plaquettes ou autres modes d'information externe.

On recueillera surtout :

— l'histoire de l'entreprise telle qu'elle est racontée ;
— l'historique des produits et des technologies ;
— les différents statuts et structures juridiques ;
— les documents de communication interne et externe des différentes époques.

b) *Documents concernant les normes produites par l'entreprise*

C'est l'ensemble des réglementations que s'est constituée l'entreprise : ils permettent de repérer les valeurs.

Ce sont :

— des manuels de procédures,
— des accords internes,
— des règles de gestion qui ont été formalisées,
— des stratégies ou projets.

On recueillera surtout :

— les plans ou projets d'entreprise s'ils existent ;
— les procédures budgétaires (tableau de bord, mode de négociation et suivi budgétaire) ;
— les principales règles de la gestion de produit ;
— le règlement intérieur et les accords internes d'entreprise ;
— les règles de gestion du personnel : politiques de rémunération, plan de formation et procédure d'intégration et évaluation des performances ;
— les règles de management.

c) *Document de référence*

Ce sont les documents qui ne proviennent pas de l'entreprise mais auxquels elle est soumise.

Ils servent à mieux situer l'entreprise dans son milieu professionnel : cela informe sur le métier de l'entreprise mais aussi sur ses différences avec le reste de la profession ; enfin, ces informations permettent de ne pas considérer comme choix ce qui est imposé.

On recueillera surtout :

— la convention collective,
— les normes du secteur (réglementations particulières).

d) *Documents d'information*

Ces documents ont été produits par l'entreprise pour communiquer à des publics choisis des informations sur elle-même.

Cette information donne énormément de signes ; elle est aussi révélatrice des valeurs de l'entreprise. L'information produite permet de distinguer ce qu'elle considère comme important.

Par signes, c'est donc l'importance relative donnée aux faits mais aussi le langage et la façon de traiter les sujets que nous entendons. La qualité d'un document d'information, sa présentation, sa tonalité générale seront relevés.

On recueillera surtout :

— les journaux d'entreprise,
— les notes de service,
— les films ou audiovisuels de présentation de l'entreprise,
— la publicité-produits et publicité institutionnelle,
— les plaquettes et fiches de présentation de l'entreprise,
— les discours du président et du directeur général.

e) *Les études sur l'entreprise*

Elles constituent généralement un regard extérieur ou, du moins, l'analyse d'un problème particulier. Ce sont les rapports-diagnostic, les rapports financiers et sociaux, les enquêtes d'opinion.

Ces documents vont servir aux parties « signes », « valeurs » et « métier ». Ce sont souvent des documents d'enquête et d'information comme les rapports financiers ou sociaux par exemple : leur étude sur une longue période illustrera aussi l'histoire et l'évolution des messages de l'entreprise.

On recueillera surtout :

— bilans financier et social,
— rapports et documents livrés aux actionnaires,
— enquêtes d'opinion,
— rapports diagnostic,
— rapports de stages.

Dernière catégorie de documents inclassables mais fort utiles dans la pratique : les « études ». Elles correspondent souvent à des demandes d'un supérieur hiérarchique à ses collaborateurs : il existe dans les entreprises une quantité de ces études qui révèlent des informations passionnantes. Travaillant dans une grande entreprise industrielle nous avons retrouvé des documents très construits sur l'historique des produits, la description des technologies, voire la description de procédures qui ne sont pas formalisées pour l'ensemble de la société. C'est à partir du moment où l'enquête a une certaine visibilité que ce type d'informations peuvent être recueillies.

2 — Entretiens

Ces entretiens sont de deux ordres :

— recherche d'informations précises,
— investigation sur un mode semi-directif auprès d'un échantillon choisi.

La pratique des entretiens pose toujours les deux mêmes questions :

— qui interroger,
— quelles questions poser.

En ce qui concerne les premiers entretiens destinés à recueillir des faits, des événements ou des précisions par rapport au matériau collecté, l'interlocuteur est souvent désigné par le client lui-même.

Un responsable de la fonction-personnel ou des relations extérieures sera souvent à même de répondre à ces premières questions ; des responsables opérationnels les relaieront ensuite.

Le second type d'entretiens est plus intéressant sur le plan de la méthode. Il s'agit de faire parler des membres de l'organisation afin de recueillir des matériaux pertinents.

Ces entretiens vont nous donner des perceptions que le consultant corroborera aux faits enregistrés ailleurs ; ces perceptions sont généralement utiles pour :

— définir une vision actuelle de l'histoire, ses événements importants et son impact sur le fonctionnement ;
— affiner le système de valeurs en le testant sur des faits racontés et perçus par un corps social ;
— affiner la notion de métier, essentiellement sur l'aspect « façons de faire » que nous avons dégagé plus haut.

Grâce à ces entretiens, nous rassemblons des perceptions :

— que nous pouvons comparer d'un interviewé à l'autre : le consultant va chercher des régularités, des répétitions, des perceptions communes qui ainsi prendront du sens ;
— que nous pouvons « évaluer » : avec elles, on peut déterminer un certain nombre d'échelles :
  • ce qui est important ou pas,
  • ce qui est réussite ou échec ;
  • ce qui est bon ou mauvais ;
  • ce qui est efficace ou pas.

Qui interroger ?

Il est hors de question d'interroger un nombre significatif de personnes qui constitueraient un échantillon représentatif de la population. Non seulement les critères de cette représentativité sont difficiles à construire mais, de plus, l'échantillon atteindrait une taille trop importante dans le cadre de l'étude. Le principe de l'échantillon est de donner une opinion résumée et pondérée de la population globale ; nous avons surtout besoin de dégager des opinions les plus diverses possibles afin de constituer notre maillage d'indices et d'hypothèses.

L'échantillon contrasté est beaucoup plus adapté. Le principe de ce dernier est de donner à l'échantillon la plus grande diversité possible afin que le plus grand nombre de situations d'entretiens soient envisagées — et donc des opinions — quelle que soit leur importance relative dans la population globale. J.-L. Vachette (7) explique cette méthode et sa pertinence pour le diagnostic social ; il donne aussi une méthode de constitution d'un tel échantillon par la méthode du carré gréco-latin.

Ces méthodes exigent de désigner une liste de critères permettant de définir l'échantillon ; cette liste dépend bien évidemment de chaque cas particulier ; voici la liste de critères utilisée pour une entreprise industrielle de 1 000 personnes fabriquant des produits de grande consommation :

- type de formation initiale (technique, administrative, sans formation),
- ancienneté,
- niveau hiérarchique,
- première entreprise ou non,
- fonction d'appartenance,
- expérience d'usine ou non.

Cette liste est relativement typique : elle intègre l'ancienneté, le métier d'origine, le type de cursus suivi dans l'entreprise ainsi que la participation à d'éventuelles autres entreprises.

Quel est le contenu des entretiens ?

Voici un exemple de guide d'entretien (inspiré de E. Schein) que nous avons pratiqué dans une entreprise individuelle.

1 — En ce qui concerne l'histoire de votre entreprise, pouvez-vous me dire en quelles circonstances elle a été fondée ?
  - Qui a participé à cette création ?
  - Quels ont été les problèmes critiques du démarrage ?
  - Que reste-t-il aujourd'hui de cette phase de création ? (des façons de faire, des valeurs-clés, des personnages).

2 — Quels furent selon vous les événements critiques qui ont jalonné l'histoire de votre entreprise ?
(Par événement critique, nous entendons des événements majeurs qui menacent la survie de l'entreprise ou la forcent à revoir ses buts ou ses façons de faire.)
  - Vous rappelez-vous d'événements qui causèrent à l'entreprise des problèmes pour lesquels elle ne disposait pas de solution appropriée ?

(7) Vachette (J.-L.), *op. cit.*

— Comment les membres de l'organisation ont-ils réagi à ces incidents ?
— Comment y a-t-on répondu ?
— Comment peut-on interpréter les réponses données ?

3 — D'après vous quelle est la raison d'être de votre entreprise, sa mission fondamentale ?
— Quelles sont les activités ou les produits « typiques » de votre entreprise ?
— Qu'est-ce qu'un bon produit ? Une bonne affaire ? Une bonne carrière ?
— Quelles sont les activités ou les produits que votre entreprise ne ferait jamais ?

4 — Votre entreprise vous paraît-elle tournée vers le passé, le présent ou l'avenir ? Comment cela s'exprime-t-il ?

5 — D'après vous selon quelles valeurs votre entreprise fonctionne-t-elle ?
— Dans quelles circonstances l'entreprise a-t-elle recours à ces valeurs selon vous ?
— Les procédures de gestion vous paraissent-elles cohérentes avec ces valeurs ?
— Par exemple le contrôle budgétaire, l'évaluation des performances ?

6 — D'après vous à quelle(s) entreprise(s) pourrait-on vous comparer et vous opposer ?
— Pourquoi ?
— Comment définiriez-vous les particularités de votre entreprise ?

Cet entretien constitue une base : il aborde les aspects de la fondation, de l'histoire et du fonctionnement quotidien de l'entreprise. Les perceptions que nous cherchons à recueillir concernent :

— les événements critiques, ceux face auxquels l'entreprise ne peut se satisfaire de solutions déjà employées mais doit en trouver d'autres ;
— les ressemblances et différences par rapport à ce que l'interviewé pense être la concurrence ou l'entreprise idéale ;
— les notions de bon-mauvais appliquées à des produits, activités, carrières, etc.

3 — Observations

Cette méthode d'investigation apparaît souvent très vague : l'observateur est présent sur son terrain et attend que la compréhension du terrain lui soit donnée.

En fait cette démarche, quand elle est utilisée, s'avère très exigeante : les conditions de validation des hypothèses réclament une très grande rigueur dans la collecte et l'interprétation des données de base.

On travaille à partir de « grilles d'observation » qui orientent les observations sur des faits, procédures, comportements, que la théorie permet de concevoir comme potentiellement riches de sens.

Ce recueil sera facilité par les quelques éléments qui suivent ; nous avons rassemblé quelques sujets d'observation qui sont particulièrement intéressants et souvent révélateurs de cette culture. Cette liste n'est pas limitative ; on repèrera sûrement d'autres sujets estimés pertinents ; certains de la liste ne s'avèreront pas aussi riches ni même observables.

a) *Les réunions*

On assistera toujours avec profit aux réunions organisées dans l'entreprise, même si cela n'est pas toujours facile. Outre les réunions opérationnelles classiques :

— à un comité de direction : cette instance dirigeante est très révélatrice du mode d'exercice du pouvoir ;
— à des réunions de cadres : de plus en plus d'entreprises organisent des assemblées annuelles de cadres qui permettent un échange mais aussi l'information sur les résultats de l'entreprise ;
— à l'ouverture ou l'évaluation de stages intra-entreprises de management.

b) *L'accueil*

Dans une entreprise, l'accueil est le premier contact avec l'extérieur. On notera :

— La réponse téléphonique.
— Le « parcours du visitant » : c'est ce que vit la personne nouvellement arrivée dans l'entreprise pour rejoindre son bureau de destination ; on remarquera la prise en charge du visiteur, la qualité du premier accueil. Nous nous sommes aperçus que les indices relevés à ce niveau étaient souvent révélateurs de ce qu'on décrira plus tard comme l'attitude vis-à-vis de l'extérieur : repli sur soi contre ouverture, protection contre l'environnement ou exploitation de celui-ci, éventuellement volonté farouche de communiquer grâce à l'accueil. Dans une entreprise l'accueil était révélateur d'un trait de culture particulier : le souci de paraître à l'extérieur ; les modes de fonctionnement et comportements de l'entreprise s'avérant par la suite complètement incohérents avec l'accueil.
— L'architecture et les aménagements :
  Le style d'architecture extérieure et intérieure, l'aménagement des bureaux, des ateliers, la répartition des bureaux, les signes distinctifs qui y sont associés selon les fonctions et les grades, tous ces signes doivent être relevés.

L'observateur doit prendre le temps de comprendre comment fonctionne l'organisation sur ces plans de l'espace et du mouvement interne : il ne consacrera pas forcément un temps spécial de recherche à cela mais il utilisera toutes les possibilités de retard et de mouvement à l'intérieur de l'entreprise.

— Les rites : l'observateur doit assister à certains rites habituels : remise de récompenses, sortie des résultats (de budget ou de part de marché), présentation d'un nouveau produit, fêtes annuelles.

Les règles à respecter pour l'observateur :

— Constituer des grilles d'observation *a priori* ; ces grilles s'affineront au fur et à mesure de l'enquête.
— Vérifier la pertinence de ce qui est observé : l'observateur a la qualité d'être extérieur et de remarquer énormément de choses surprenantes ; ce qu'il enregistre peut être exceptionnel et totalement explicable sans faire intervenir les caractères culturels de l'entreprise.

4 — Études

Quelques recherches complémentaires à partir des informations fournies par l'entreprise peuvent aider le consultant. Nous avons déjà cité dans la partie « analyse documentaire » l'analyse du contenu des discours du président ainsi que des rapports annuels. De nombreuses études systématiques sont effectuées aux États-Unis à partir de ces rapports annuels : on retrouve non seulement la stratégie mais le discours qui est tenu à propos des échecs ou succès de celle-ci : les évolutions d'une année sur l'autre sont très riches pour comprendre ce qui a changé dans l'entreprise ; cela alimentera donc notre connaissance de l'histoire, voire du système de valeurs.

Citons aussi comme études possibles :

— La recherche de cursus de carrière :
Le déroulement des carrières dans l'entreprise est très révélateur de ce qu'on estime devoir être les compétences nécessaires aux postes de pouvoir. Le consultant pourra reconstituer les carrières des dirigeants, des principaux responsables des fonctions de l'entreprise.
— L'étude du fichier des cadres selon leurs principaux caractères : formation initiale, expérience acquise à l'extérieur, carrières-maison ou extérieures, vitesse de promotion.

Ces deux études donnent beaucoup d'information sur la notion de métier de l'entreprise.

— L'étude des évolutions de part de marché selon les produits : cette étude permet de dégager d'éventuelles régularités dans la montée en charge des produits au cours de l'histoire ; l'expé-

rience menée dans une entreprise de biens de consommation fait apparaître des types de produits qui ont des développements semblables ; cette étude nous a permis d'affiner la notion de métier.
— le consultant pourra aussi reconstruire l'évolution de la structure de coûts, pour affiner encore le métier.

Dernier type d'études : la réaction externe.

— Les plus grandes entreprises ont généralement une forte image à l'extérieur auprès de leurs publics pertinents : milieu des cadres, des étudiants en gestion, des autres entreprises. Une enquête menée chaque année par l'Expansion nous donne quelques éléments sur cette image des entreprises. Le consultant pourra tester cette image auprès de quelques publics extérieurs : image globale, métier de l'entreprise, qualités et valeurs perçues.
— On testera aussi l'image donnée par la communication externe : campagne de publicité-produits et publicité institutionnelle.

5 — Travaux de groupe

Le dernier mode de collecte d'informations implique un groupe de membres de l'organisation motivés par la démarche. Ce groupe peut être chargé de collecter certaines informations : il rassemble des personnes différentes qui ont toute une connaissance de certaines fonctions ou événements de l'entreprise. Le travail fait en groupe permet de mettre en évidence l'existence de ces informations.

Le consultant préparera un certain nombre de tests avec un groupe-pilote pour constituer une information de base.

Dans une entreprise par exemple, un groupe a travaillé sur l'analyse de l'ensemble des publicités afin de voir s'il existait des traits communs aux différents messages qui les distinguaient de la concurrence. L'analyse des publicités s'est ainsi révélée un bon moyen de repérage de la culture.

Ce tableau oriente les investigations en donnant les moyens d'enquête appropriés.

Deux difficultés principales doivent être contournées :

a) Une enquête de culture n'est jamais achevée : on peut toujours récolter des informations complémentaires mais il faut cibler les recherches et savoir arrêter très rapidement des hypothèses. Le tableau ci-dessus aide à cibler les méthodes sans se perdre à vouloir utiliser toutes les méthodes pour chaque matériau de base.

b) La seconde difficulté consiste à passer du niveau des matériaux de base à celui des hypothèses sur la culture : dans le recensement de ses matériaux de base, on utilisera les grilles présentées selon les 5 catégories de matériaux de base ; on inscrira les données correspondant à chaque item et, surtout, les indices que

	Analyse documentaire	Entretiens	Observation	Études	Travaux de Groupe
FONDATEUR	X	X			
HISTOIRE	X	X			X
MÉTIER	X	X		X	X
VALEURS	X	X	X		
SIGNES			X		X

ces données peuvent apporter afin de constituer le maillage qui facilitera l'élaboration des hypothèses.

Par exemple, pour l'histoire, cette présentation facilitera l'analyse des données pour l'auditeur :

MATÉRIAU DE BASE : HISTOIRE		
ITEM	INFORMATIONS RECUEILLIES	INDICES
les différents items de la grille	ce que l'on a appris	les indices que cette information apporte en termes de culture

B. COOPÉRATION AVEC L'ENTREPRISE

L'enquête sur la culture de l'entreprise est réalisée en collaboration avec l'entreprise elle-même. Plusieurs raisons doivent être invoquées selon l'objet que l'on fixe à cette investigation :

— La réflexion de l'entreprise sur sa propre culture l'invite à envisager ses problèmes de gestion et son fonctionnement avec un regard différent : c'est donc déjà une opération de changement.

— Les membres de l'entreprise doivent valider régulièrement les premières hypothèses faites et, au minimum, ils doivent concourir à expliciter, compléter et apporter de l'information.

— L'entreprise doit s'approprier les résultats de la démarche parce qu'ils constitueront un patrimoine commun.

Que l'enquête de culture soit destinée à élaborer un projet ou améliorer le management de l'entreprise, à écrire ou formaliser quelques caractéristiques de l'identité ou à former ses membres à ce patrimoine commun, dans tous les cas, cette collaboration s'impose.

Avant de passer, dans la partie suivante, à quelques exemples d'utilisation de la méthode, nous présenterons une démarche-type, suffisamment neutre pour pouvoir être utilisée dans ses grandes lignes quelles que soient les intentions de l'entreprise-cliente.

Nous distinguerons 6 étapes :

- Obtenir l'accord de la direction sur la démarche.
- Sensibiliser un groupe.
- Réaliser l'enquête.
- Valider les premières hypothèses en groupe.
- Formaliser des hypothèses.
- Diffuser les résultats de l'enquête.

1 — Obtenir l'accord de la direction sur la démarche

Il est difficile d'enquêter sur une organisation sans accord de sa direction. Les démarches d'O.D., et plus récemment les épisodes de l'expression des salariés et des cercles de qualité, nous ont habitués à considérer comme une condition absolument indispensable, et non suffisante, l'implication d'une direction générale.

Dans notre objectif de culture, cette première étape a d'autres nécessités :

— La notion de culture est suffisamment peu précise aux yeux de tous pour que des doutes s'installent quant au résultat de l'audit : cette discussion préalable vaut accord pour participer à l'audit.
— Cette recherche des traits de la culture exige de l'entreprise une participation ou du moins une ouverture à la recherche des informations et aux désagréments que celle-ci peut entraîner.
— L'accord de la direction générale ne concerne pas seulement la démarche mais la participation active à la recherche.

2 — Sensibiliser un groupe

Le consultant a besoin de relais au sein de l'organisation, c'est-à-dire d'un groupe de gens motivés par la démarche et prêts à travailler en « task force » sur le projet.

Sa mission consistera à réaliser ce que nous avons appelé plus haut les « travaux de groupe » qui constituent un des modes de collecte de l'information. Il devra aussi participer aux premiers tests d'hypothèses quand ils interviendront. Il sera, enfin, une sorte de correspondant de l'enquêteur : il rassemblera l'information pertinente et sera à l'écoute des avis éventuels sur tel ou tel matériau de base.

3 — Réaliser l'enquête

La collecte des informations dont nous avons développé les grandes familles et les modes de recueil intervient après des deux premières étapes préalables.

La qualité de cette enquête dépend des liens entre direction générale, groupe de travail et enquêteur qui assurent entre eux une communication continue.

Elle se réalise à l'intérieur et à l'extérieur de l'entreprise ; il ne faut pas minimiser cette dernière catégorie.

Elle se déroule en plusieurs phases :

— exposé de la méthode auprès du groupe de travail ;
— premiers entretiens informatifs (auprès de la direction générale, les relations extérieures et la fonction-personnel) ;
— constitution de l'échantillon contrasté auprès duquel seront réalisés les entretiens-semi-directifs ;
— collecte des informations ;
— réalisation des entretiens ;
— préparation des premières pistes d'hypothèses.

4 — VALIDATION DES PREMIÈRES HYPOTHÈSES EN GROUPE

Pour valider les premières hypothèses, on présente au groupe de personnes impliquées dans l'opération ses premières conclusions.

Le groupe est chargé de :

— les discuter ;
— affiner la formulation ;
— apporter des confirmations ou infirmations sous forme de faits, événements ou informations complémentaires ;
— donner des pistes pour des investigations complémentaires.

Le programme de travail avec le groupe comporte trois phases successives :

a) La présentation des premières hypothèses et conclusions provisoires en remettant un document pour appuyer la présentation.

b) Un test de ces hypothèses par le groupe. On peut utiliser les deux moyens suivants :

— Comparaison avec l'extérieur :
On apporte des exemples extérieurs pour supporter ses hypothèses. Ce moyen est très important car, souvent, le groupe de travail est limité dans sa progression en considérant comme normal ce qui le différencie fortement des autres entreprises. C'est sûrement un des rôles principaux du consultant que d'apporter grâce à son expérience ce miroir des autres entreprises.
— Les votes :
Nous entendons par là l'organisation d'une procédure de choix par les membres du groupe de plusieurs propositions concernant les hypothèses de culture. Nous organisons, par exemple, une procédure sur micro-ordinateur permettant aux participants de choisir immédiatement entre plusieurs propositions concernant l'histoire, le métier ou les valeurs de l'entreprise. Cela nous permet de tester où se situent les perceptions communes.

c) La formalisation avec le groupe des résultats acquis qui reçoivent une forme écrite.

Ce mode de travail peut être prolongé par l'intégration dans des formations de management de ce test et de ces investigations culturelles ; ces groupes de formation fournissent l'occasion de sensibiliser plus de cadres à cette approche et de tester les premiers résultats sur une plus large population.

5 — FORMALISATION DES HYPOTHÈSES

Cette étape intervient lorsque les groupes ont validé l'ensemble des résultats présentés. A chaque séance de travail, nous avons vérifié l'interprétation des indices accumulés en les écrivant.

Après avoir passé en revue tous les matériaux de base, nous procédons au maillage de ces différents indices pour passer du niveau des hypothèses partielles concernant les divers matériaux aux hypothèses plus fondamentales sur les traits de culture de l'entreprise.

Cette phase consiste alors à écrire ces hypothèses et structurer leur argumentation. Cette phase est la plus difficile car elle demande une épuration d'un ensemble généralement assez riche d'hypothèses intermédiaires, de suppositions partielles.

Pratiquement le problème principal est de savoir quand lancer cette phase. En guise d'indication, on peut dire qu'un premier travail de groupe aura lieu à l'issue de la collecte des données ; un intervalle de un mois sera laissé au groupe pour compléter et vérifier les hypothèses ainsi que pour chercher des faits confirmatifs ou infirmatifs ; une seconde réunion de groupe intervient alors pour intégrer ces nouveaux éléments à partir desquels on élaborera des hypothèses présentables et formalisables selon la phase 5.

6 — DIFFUSION DE CES HYPOTHÈSES

A ce niveau, nous disposons d'hypothèses sur les traits de la culture de l'entreprise avec les arguments précis qui permettent de les supporter. Ce résultat peut être exploité dans diverses directions que nous envisagerons dans la dernière partie de cet ouvrage.

Toutefois, à partir du moment où l'étude a mobilisé des membres de l'organisation, ses résultats devront connaître une diffusion. Cette diffusion ne s'improvise pas ; quels que soient les objectifs particuliers de l'entreprise pour cette étude, plusieurs modes de diffusion peuvent être envisagés :

- une lettre de la présidence expliquant ce qu'est et compte faire le groupe ;
- une présentation lors de la réunion annuelle des cadres autour de la direction générale ;
- une insertion d'un module « culture de l'entreprise » dans les stages de connaissance de l'entreprise, de management ou d'intégration ;
- une diffusion plus précise et circonstanciée aux fonctions de l'entreprise qui en auront une utilisation immédiate : direction du personnel, communication, relations extérieures.

CHAPITRE 6

TROIS CAS D'AUDIT DE CULTURE

Afin d'enrichir notre propos concernant les enquêtes de culture, nous présenterons trois exemples de recherche des traits culturels qui procèdent de logiques d'intervention très différentes. Ces trois missions nécessitaient toutes la mise en évidence des traits culturels de l'organisation. Dans les trois cas, le déroulement présenté dans la partie précédente a été respecté mais avec une pondération différente selon les phases.

Les descriptions que nous faisons montreront l'importance du corps de méthode de base pour des utilisations ultérieures qui varient beaucoup selon les entreprises étant donné l'intérêt stratégique que représente une connaissance de sa propre culture.

Ces cas témoignent du rôle de la culture d'entreprise comme mode de description et d'investigation sur les organisations.

Trois missions vont donc être décrites :

	DEMANDE	INTÉRÊT DE LA CULTURE	RÉSULTAT
MISSION 1	Faire un diagnostic de management de l'organisation	Faire apparaître les logiques qui sous-tendent le management Donner une autre vision	Nouvelle appréhension des contraintes du management Nouvelle définition des dysfonctionnements
MISSION 2	Construire le PROJET de l'entreprise	La connaissance de sa propre culture est la base de toute élaboration de projet	Recherche par le comité de direction des traits culturels de l'entreprise Mise au point du PROJET
MISSION 3	Sensibiliser les cadres à l'importance de la CULTURE d'entreprise	La culture doit apparaître comme un moyen de décrire le fonctionnement de l'entreprise	Création d'un séminaire sur « CULTURE ET GESTION DE PRODUIT »

6.1. MISSION : AUDIT DE CULTURE ET DIAGNOSTIC DU MANAGEMENT

A. DEMANDE

L'organisme fait de la formation et du conseil pour une profession dont les membres n'ont pas l'obligation de passer par ses services. Ses 75 personnes sont soit des « administratifs » (secrétaires, techniciens), soit des « formateurs », c'est-à-dire des gens qui interviennent pour les entreprises de la profession en animation, en conseil, voire en réalisation d'études.

L'organisme s'est développé grâce à de très bons professionnels en matière de formation ; il a acquis auprès de ses clients mais aussi dans le secteur de la formation une notoriété pour ses créations et réalisations pédagogiques. C'est certainement grâce à lui que la formation a pris de l'ampleur dans une profession dont le succès et la croissance en exigeaient l'efficacité.

Toutefois, l'organisme semble confronté à de nombreux problèmes qu'il exprime de la façon suivante :

— Les produits de formation doivent évoluer parce que les entreprises de la profession ont aujourd'hui d'autres besoins ; l'étape de sensibilisation aux intérêts de la formation est achevée mais de nouvelles exigences et de nouveaux besoins apparaissent. Il y a donc un problème de produits et de mode de distribution.

— Le management de l'organisme correspond à une époque où les spécialistes devaient répondre à des besoins qui ressortissaient d'une discipline, d'une technique ou d'une approche pédagogique donnée ; les produits d'aujourd'hui doivent être interdisciplinaires, globaux. De façon plus générale, des dysfonctionnements handicapent la gestion quotidienne.

Le directeur de l'organisme pense donc que le moment est venu de définir un projet qui établisse clairement les directions d'activité que doit suivre l'organisme ainsi que le mode de management qui lui correspondrait. Il décide de réaliser un diagnostic du volet-management et nous appelle en sachant que nos interventions portent sur la culture d'entreprise. La demande se limite donc à un diagnostic sur le management pour lequel l'organisme estime que la démarche culturelle est appropriée.

B. LE RÔLE DE L'AUDIT DE CULTURE

L'organisme est chargé de former et de conseiller d'autres entreprises ; il a donc déjà mené de nombreuses opérations en ce sens, il est coutumier des méthodes et des fondements théoriques de ces approches ; il attend de l'approche culturelle un autre regard sur son management que celui qu'il a déjà pu exercer lui-même.

A ce moment de son histoire, lorsque des problèmes cruciaux d'activité et d'équilibre de l'organisation se font sentir, il existe dans cette organisation le souci de relativiser la crise qu'il subit dans une vision plus globale que celle du participant, empêtré dans des préoccupations quotidiennes.

De la culture enfin, chacun attend confirmation que sa perception des problèmes est cohérente avec une logique inhérente de l'organisation plus fondamentale : la référence à la culture peut pérenniser certaines appréciations de la situation actuelle.

C. MISE EN ŒUVRE DE CETTE DÉMARCHE

Nous avons défini plus haut un cadre théorique de succession des étapes nécessaires d'un audit de culture ; dans chaque situation, il s'agit d'adapter ce cadre.

Dans le cas présent, la demande comporte les particularités suivantes :

— Il s'agit d'un diagnostic. Notre mission s'arrête à la remise et à la discussion du rapport final.
— C'est moins la culture que l'on nous demande de décrire que le management de l'organisme tel que la culture permet de le comprendre.

1 — Accord de la direction générale

Il existait bien entendu et se trouvait très formalisé. Le directeur général est notre interlocuteur unique et seul destinataire du rapport final. Sa demande s'inscrit dans le cadre de l'établissement d'un projet futur pour l'organisme ; cette action a donc été discutée avant notre intervention avec l'ensemble du personnel par l'intermédiaire d'une task-force constituée à cet effet.

Le contenu de notre accord repose sur la démarche intellectuelle qui guide l'interprétation des données recueillies mais aussi sur la méthodologie utilisée.

Dès ce niveau d'accord sont prévues les modalités d'information et de discussion avec l'ensemble du personnel sur la méthode, le déroulement et les conclusions de l'étude.

2 — Sensibilisation d'un groupe

Cette phase ne s'est pas déroulée selon le plan envisagé dans le chapitre précédent. En effet, étant donné la taille de l'organisme et le fonctionnement participatif de celui-ci, il avait été décidé que l'ensemble du personnel qui le désirait pourrait assister à des réunions prévues pour exposer la démarche.

Dans le protocole, nous fournissions un rapport-diagnostic sur le management pour que la task-force puisse elle-même le travailler et en déduire des actions : il n'y aurait donc aucune recherche commune d'informations avec le groupe, ni construction des hypothèses que le groupe formé préalablement se réservait le droit d'établir.

3 — Déroulement de l'enquête

Cette enquête est particulière dans la mesure où le diagnostic porte sur le management et l'interprétation sur la culture. La collecte des informations ne sera donc pas orientée sur les différents matériaux de base qui permettent de repérer les traits de la culture mais sur les caractères du management que nous apprécierons selon les éléments de culture décryptés tout au long de l'enquête.

L'enquête commence par plusieurs entretiens avec le directeur général et des cadres appartenant à la task-force en charge du management.

Les investigations se dérouleront essentiellement par entretiens semi-directifs auprès d'un échantillon contrasté de membres du personnel.

L'*échantillon* est constitué selon la méthode présentée au chapitre précédent. Les critères utilisés pour le contraster sont principalement le domaine d'activité (administration, réalisation de formations spécifiques, interventions de conseil et de formation, etc.), la fonction (employé, cadre sédentaire, cadre intervenant, chef de département), la qualification et l'origine.

Les critères choisis nous paraissaient optimiser la diversité de situations pertinentes pour la compréhension de la culture de cet organisme. En effet, cet organisme provient de la fusion d'un certain nombre de structures existantes au sein de la profession ; il s'avérait après une première étude que ces organismes antérieurs étaient très différents les uns des autres dans leurs activités mais aussi leur mode de management et leur ambiance interne.

Quant aux autres critères, ils s'imposent d'eux-mêmes tant est grande la coupure entre les fonctionnels et les diverses catégories d'opérationnels dans ces organismes qui n'offrent que peu de passerelles entre les fonctions.

Le guide d'entretien

Les questions posées concernent les différents aspects du management de l'organisme. Dans notre perspective culturelle, l'activité de l'organisme nous paraît être au centre de l'explication du management. Le management constitue le mode d'organisation optimal qu'a trouvé l'organisme pour mener à bien sa mission. C'est également autour de la réalisation de cette mission que la culture va se former.

Les thèmes du guide se rapportent à l'activité de la personne et à son évolution, aux relations structurelles impliquées par cette activité, à la perception de l'activité et des missions globales de l'organisme, aux critères perçus d'excellence et de « mésexcellence », aux notions d'équipe, de cohérence du groupe de travail, aux critères de succès individuel et collectif, à l'ambiance et à la confiance qui peuvent se développer dans l'organisme, ainsi qu'aux différentes phases perçues de son développement.

Les enquêteurs ont comme consigne de rester tout au long de l'entretien autour de cette notion d'activité : ils doivent relancer avec la préoccupation de dégager le plus de faits et d'événements ; enfin, ils doivent amener les interviewés à exprimer des jugements — non sur les faits ou les personnes — mais sur les notions de *bien,* de *réussite,* de *cohérence,* comme nous l'avons expliqué en présentant la grille des valeurs.

Les enquêteurs ont pratiqué ensuite une analyse de contenu thématique dont les deux grilles concernaient les dimensions du management et les grandes catégories de matériaux culturels de base que nous avons décrits plus haut.

4 — Validation par le groupe

Comme nous l'avons expliqué plus haut, cette phase n'a pas eu lieu ; les résultats du diagnostic devaient être livrés et l'organisme décidait des suites.

5 — Formalisation des hypothèses

Celle-ci a pris la forme d'un rapport où coexistaient trois types d'informations :
— des données sur les caractères du management,
— des données sur la culture de l'organisme,
— une explication du management de l'organisme en termes de logiques fondamentales.

a) *Management*

Nous ne retiendrons ici que quelques aspects :
— Globalement, cet organisme considère qu'il a un certain nombre de compétences, qu'il *sait* faire des choses mais que les circonstances du marché et de sa mission l'obligent à faire d'autres choses ; plus précisément, il existe des différences notables entre les populations opérationnelles et fonctionnelles quant à la perception de ce que doit faire l'organisme.
— On trouve que la structure en départements spécialisés par domaine d'intervention est lourde mais garantit une très grande indépendance de chacun. La contrepartie de cette structure formelle très dispersée, c'est l'incitation à des actions de « ruse » pour faire avec les contraintes bureaucratiques qui se sont déve-

loppées avec la croissance de l'organisme. Il y a une résistance aux mécanismes bureaucratiques mais aussi de fortes attentes dans des procédures plus adaptées.

— Il faut du contrôle mais l'organisme se situe sur une activité qu'il est impossible de contrôler réellement.

— Enfin cet organisme doit être à l'écoute de son marché, il doit même coopérer avec lui étant donné les liens particuliers dans ce type de structures ; cependant, l'organisme se sent très en avance sur ses clients.

Cette approche sommairement résumée fait apparaître tous les paradoxes du fonctionnement de cet organisme et de la façon dont ses membres le vivent.

b) *Culture*

Trois grandes dimensions de la culture étaient envisagées :

• *Histoire*

L'organisme n'a pas de naissance ; dans les discours des gens, il apparaît comme le rassemblement de personnalités diverses à un moment donné. Peut-être est-ce la raison pour laquelle son nom de baptême n'a aucune originalité et reprend uniquement le titre de son activité...

L'organisme vit la période actuelle comme une période de crise, de turbulence qui tranche avec tout ce qu'il a vécu jusque-là. Le passé est perçu comme plus heureux.

En fait, tout l'organisme se sent à la croisée des chemins au moment où interviennent le diagnostic, même si cette crise et les données du dilemme s'apprécient très diversement selon les personnes.

• *Métier*

Deux composantes principales se détachent dans ce que l'organisme estime être son métier. La première concerne sa maîtrise de la pédagogie des adultes et son savoir-faire particulier pour mettre en œuvre la formation, monter des stages, répondre à des besoins qu'il sait évaluer. La seconde a trait à sa relation au marché : un ensemble d'entreprises d'une profession à laquelle il est destiné. Cette relation est fort ambiguë : désir de répondre à des besoins, de les pressentir, sentiment de supériorité vis-à-vis d'elles mais aussi souci de développer des projets conjoints, en collaboration, d'égal à égal avec des entreprises qui ont déjà beaucoup appris en matière de formation et de management.

• *Valeurs*

Le système de valeurs est complètement tourné vers la personne. Individualisme, indépendance, autonomie sont des modes de fonctionnement quotidien, reconnus et recherchés même si on analyse assez finement leurs inconvénients. Chacun se sent investi d'une mission. Sur un autre plan, la qualité relationnelle importe beaucoup et a importé beaucoup dans le passé. L'économie des affinités est un facteur considérable du développement des activités et de l'équilibre social du groupe.

Enfin, les caractéristiques intellectuelles de la personne, son brillant, son imagination seront valorisés, au moins dans le choix des héros et des activités excellentes.

c) *Une explication en termes de logique*

L'organisme dont nous parlons se débat dans un conflit farouche entre deux logiques que l'ensemble de l'organisation considère comme inconciliables.

Une logique IN : selon celle-ci, l'organisme est une « boîte » de formation comme les autres, avec la particularité cependant d'avoir été fondée par les instances d'une profession pour les entreprises qui la composent. Cette position lui impose la rigueur d'une sorte de tutelle et surtout la dépendance vis-à-vis de ce marché, de ses besoins et de son stade de développement.

Par exemple, on pense que l'accueil, l'écoute des entreprises doivent être améliorés ; les formateurs devraient passer par des périodes de travail dans ces entreprises pour mieux coller au terrain par la suite ; quant à la structure, elle devrait se constituer autour de projets pluridisciplinaires qui intégreraient les nombreuses compétences de l'organisme tout en optimisant le service rendu.

Une logique OUT : l'organisme est totalement marginal par rapport à la profession ; l'intégration à cette profession est un fait qui ne doit influer en rien sur le processus de création et de développement de l'organisme. L'activité est essentiellement de création et d'imagination : c'est là qu'il excelle et se retrouve pionnier. Les entreprises doivent se soumettre aux produits qui leur sont proposés même si — et cela est bien normal — ils peuvent être en avance sur le fonctionnement de ces entreprises. Les rapports doivent être liés par le souci de promotion des compétences pour la profession dans son ensemble et non par des considérations marchandes. Les entreprises ne doivent pas être perçues comme des clients mais plutôt comme des collègues.

Au-delà de cette exploitation de l'enquête sur ces trois directions imbriquées, nous notions les éléments suivants :

— l'organisme se débat dans deux logiques qu'il considère comme inconciliables ;
— ces deux logiques ne recouvrent pas des populations différentes mais chacun les vit en lui-même, sur des aspects différents (fonctionnement interne, relation aux entreprises, choix des produits, mode de travail) ;
— la direction ne peut donc choisir entre l'une ou l'autre des logiques : il faut alors sortir du champ clos de ce débat ;

— le patrimoine de cet organisme est fort de qualités réunies à sa création, ce patrimoine de la fondation que chacun reconnaît : c'est à cette source que toute opération nouvelle doit se référer ;
— la pratique des premières années ne correspondait pas seulement à un choix mais à une nécessité du marché ; aujourd'hui, l'organisme devrait retrouver la même force et implication à développer une activité qui corresponde tout aussi bien à un métier qui a changé.

Cette étude aboutit finalement à une conclusion très riche et fréquente dans les études de culture : l'organisme s'est développé avec un mode de fonctionnement et une activité qui correspondaient à un besoin mais il ne le reconnaît pas : il croit qu'il avait choisi une forme d'activité et de philosophie de la formation (il y a donc reniement) ou que ces comportements passés sont aberrants et néfastes (il y a donc souci de faire disparaître ce mal). Tout le changement à opérer consiste à revisiter le passé, admettre que le métier n'a pas été de choisir une philosophie d'intervention mais de s'adapter complètement à ce qu'était le besoin. Le diagnostic donnait donc quelques pistes pour faire évoluer la vision courante — et insuffisante — de la réalité de la culture.

6 — DIFFUSION DES RÉSULTATS

La diffusion était soigneusement organisée dans la mesure où ce diagnostic s'inscrivait dans une opération plus vaste de transformation de l'organisme et de réalisation d'un projet global.

L'ensemble du personnel fut donc convié à une conférence où les conclusions ainsi que la méthodologie suivie furent présentés et discutés.

Les principales questions discutées tournèrent autour des deux logiques de fonctionnement présentées. Elles donnèrent lieu à beaucoup de commentaires. Le groupe de travail se réunit ensuite pour travailler à partir des résultats.

6.2. MISSION 2 : L'ENTREPRISE X : L'AUDIT DE CULTURE EN VUE DU PROJET

Nous nous trouvons maintenant dans une entreprise de 300 personnes aux activités très diversifiées qui vont des cosmétiques aux produits de bricolage. Cette société a un passé mouvementé : filiale d'un groupe étranger, elle est rachetée par un autre groupe étranger il y a une vingtaine d'années alors qu'elle est spécialisée dans les cosmétiques ; elle rachète quelques années plus tard une entreprise de fabrication de matériel de bricolage et fusionne bientôt ces deux activités. Elle s'adjoint récemment un autre fabricant de cosmétiques.

La société est très dynamique, dirigée par un homme de marketing ; elle détient quelques créneaux intéressants pour lesquels elle a su développer les produits adéquats.

A. LA DEMANDE

Depuis quelque temps, la dernière fusion plus précisément, des dysfonctionnements apparaissent dans l'entreprise ; l'ambiance s'est dégradée et les cadres supérieurs ne sentent plus quelle est la direction de cette entreprise qui évolue très vite dans des structures qu'ils ne maîtrisent pas toujours.

Plusieurs besoins se font donc sentir : améliorer les systèmes de contrôle de l'entreprise, améliorer les relations et supprimer quelques-uns des dysfonctionnements qui gênent le travail quotidien de la société et surtout de l'encadrement.

Après discussion et diagnostic classique auprès de l'ensemble des cadres de la société, la demande se concentre sur la nécessité de créer une unité au niveau de l'encadrement. L'idée du Projet d'entreprise se concrétise.

B. LE RÔLE DE L'AUDIT DE CULTURE

L'entreprise veut élaborer un projet, cette référence qui doit guider l'entreprise dans son fonctionnement futur. Pour être une véritable référence et non une simple déclaration d'intentions, ce projet va se fonder sur l'identité profonde de l'entreprise : il faut donc relever les principaux traits de sa culture.

Le diagnostic faisait apparaître que l'on ne savait pas toujours, chez X quelles étaient les grandes directions suivies. Logique commerciale et logique financière semblaient se disputer les grands choix. La construction d'un projet ne pouvait faire l'économie de cette recherche du fondement même de l'entreprise et de son identité.

Étant donné les blocages et les dysfonctionnements de cette entreprise, une approche culturelle devait également permettre de relativiser l'analyse de certains problèmes et fournir une vision plus riche de l'identité de X.

C. LA DÉMARCHE MISE EN ŒUVRE

1 — ACCORD AVEC LA DIRECTION GÉNÉRALE

Après discussion et analyse approfondie des résultats du diagnostic, un accord a été passé avec la direction générale pour engager une action sur la base des éléments suivants :

— L'entreprise X doit aller vers l'élaboration d'un projet qui définira ce qu'elle est et quelle doit être sa direction future maintenant que de nouvelles structures sont mises en place.
— Ce projet ne peut s'écrire que si des conditions préalables sont réunies ; on peut citer entre autres, la définition des traits principaux de l'identité de l'entreprise.
— Un projet ne s'élabore qu'avec la participation de tout ou partie de l'organisation ; en l'occurrence, il est très important que les cadres supérieurs soient à part entière dans la définition du projet.
— C'est après avoir rempli les conditions nécessaires que l'on pourra écrire le projet : une bonne gestion du temps est donc nécessaire.

2 — Sensibilisation d'un groupe

Comme nous l'avons dit, le groupe le plus important dans un premier temps est celui des cadres supérieurs. Il a donc été décidé d'organiser un premier séminaire avec l'ensemble du comité de direction pour évoquer les résultats du diagnostic mais aussi les dysfonctionnements notés par l'ensemble des membres de ce groupe.

Au cours de ce séminaire ont été évoqués plusieurs problèmes de management dont le diagnostic a révélé l'importance. Puis une conférence a été organisée sur la culture d'entreprise et le projet. Les apports de cette approche ont été discutés au fond ainsi que la nécessité de passer par une analyse de la culture avant de commencer à écrire un projet.

3 — Enquête

Dans cet exemple, la phase d'enquête est particulièrement intéressante. C'est même le principal résultat de cette intervention que d'avoir obtenu cette étude plutôt que de se lancer immédiatement vers la rédaction d'un projet qui n'aurait retenu l'adhésion de personne mais aurait focalisé les mécontentements.

L'enquête a été lancée en trois temps :
— Au cours du séminaire, nous avons rempli quelques grilles sommaires sur différents matériaux de base ; cela a permis de saisir l'intérêt et les exigences de la méthode qui ne s'arrête pas à l'anecdote mais incite à valider chaque affirmation. De longues discussions ont eu lieu à propos du métier pour savoir si X était une entreprise commerciale ou financière dans ses politiques et sa raison d'être ; d'autres ont concerné les critères de résultat qui semblaient les plus adéquats, etc.
— Dans un second temps, il a été décidé de modifier la pratique des comités de direction de façon à inscrire à l'ordre du jour l'examen des matériaux de base de la culture de l'entreprise ; cette décision est probablement la plus importante dans la

mesure où chacun s'engage à rendre plus participative et opérationnelle une réunion qui n'évoquait jamais le long terme et s'enlisait dans des débats autour des problèmes quotidiens.

— Dans un troisième temps enfin, nous avons fourni au comité de direction des grilles et guides de réflexion afin qu'il mène lui-même l'enquête de culture au cours de ses réunions.

4 — VALIDATION PAR LE GROUPE

Cette phase n'est pas pertinente ici puisque le groupe lui-même réalise l'enquête.

5 — FORMALISATION DES RÉSULTATS ET DIFFUSION

Les travaux sont en cours et nous ne connaissons pas les grandes lignes de l'étude si celle-ci est terminée.

D. LES RÉSULTATS

Cette expérience est particulièrement intéressante parce qu'elle montre d'autres résultats annexes de l'approche culturelle :

— L'entreprise X rencontre des problèmes considérables d'identité avec ses multiples activités dont les liens semblent parfois ne s'expliquer que selon une logique financière ; beaucoup de dysfonctionnements en découlent : revenir au niveau de l'identité de sa culture va lui permettre d'envisager ces problèmes autrement.

— Des résultats partiels de son enquête lui montrent que dans la manière de traiter certains produits ou marchés, elle a acquis un métier et un système de valeurs qu'elle ne soupçonnait pas derrière des décisions juridiques que l'ensemble du corps social n'intégrait pas.

— Un des problèmes principaux était une inefficacité collective du groupe de managers. Cette action commune devait les rassembler sur des problèmes qui les forcent à l'apprentissage du long terme et du travail collectif de direction.

— L'entreprise X a également compris que le projet n'est pas un gadget qui peut s'écrire en une réunion et s'afficher pour devenir immédiatement opérationnel : elle a appris à prendre le temps pour une élaboration qui en a besoin.

— Enfin, X a décidé de consacrer une partie de son énergie à comprendre ce qu'elle était ; étant donné son histoire tourmentée, c'est un énorme pas en avant pour l'amélioration de son processus stratégique et de son management.

6.3. L'AUDIT DE CULTURE... A TOUTES FINS UTILES

L'entreprise Y est une multinationale de très grande notoriété. Sa filiale française est l'objet de notre étude : elle a développé depuis longtemps un management participatif qui, avec le temps, commence à faire évoluer les comportements des managers.

Cette entreprise a paradoxalement une bonne image auprès du public malgré le secret ou la discrétion qui l'entourent. De nombreux produits très connus, une position de leader dans certains secteurs la caractérisent sans que son fonctionnement ou ses politiques soient connus ou repérés par le grand public comme particuliers.

A. LA DEMANDE

La direction du personnel de cette entreprise avait plusieurs préoccupations dont celle, à très court terme, des relations entre techniciens, ou industriels et hommes de marketing au sein de l'entreprise. C'est là une préoccupation courante des entreprises industrielles dans le secteur des produits de grande consommation : il y a deux facteurs de succès liés au produit lui-même et à son marketing ; ingénieurs d'exploitation et chefs de produit ont forcément des objectifs incompatibles, voire opposés ; c'est un challenge important d'assurer une grande coordination entre ces deux parties.

La direction du personnel après avoir assisté à une présentation de notre démarche nous demande si elle peut apporter une solution au problème posé plus haut.

Son intuition première était de passer par le détour de la culture de l'entreprise pour aborder des procédures de travail qui n'étaient appréhendées que sous leur angle technocratique de définition d'une procédure et de répartition des compétences et des responsabilités.

La demande est donc d'établir un lien entre la culture et le processus de naissance et de gestion des produits. A terme, il doit être possible de construire un séminaire pour les responsables industriels des produits et chefs de produits sur ce thème.

B. LE RÔLE DE L'AUDIT DE CULTURE

Très clairement, la culture d'entreprise est considérée comme un autre mode d'approche de problèmes de gestion courants. C'est un moyen de prendre du recul par rapport au fonctionnement quotidien et à ses défauts nécessairement bureaucratiques ; c'est aussi le moyen de relativiser cette gestion courante par rapport à des considérations plus fondamentales sur le fonctionnement de l'entreprise :

son identité, ses facteurs permanents, ses logiques de base qui assurent la pérennité du groupe à travers le temps et l'espace dans le cas de cette multinationale.

La culture est aussi un domaine nouveau dans l'approche du management aujourd'hui ; cette action doit permettre de mettre en évidence les traits dominants de la culture de Y qui pourront s'intégrer plus tard dans d'autres projets de formation ou d'action.

Troisième raison tenant à cette entreprise même : c'est une entreprise importante appartenant à un groupe international et ses origines lui font sentir sans doute plus que pour une autre la nécessité de cerner ses propres particularités. Comme le décrivent très bien Ramanantsoa et Dussauge (1), l'identité reste souvent une question de fond pour ces entreprises dont l'appartenance nationale et la position de filiale accentuent le besoin d'identification.

Quatrième raison : la taille. Elle reste la variable forte de la théorie des organisations mais aussi des modes de management (2). Ses méfaits paraissent toujours aussi inéluctables en matière de dépersonnalisation et de bureaucratisation ; nous l'avons montré en développant les caractères du management par les clans (3). Comme toute organisation de cette taille, Y se voit obligée de revenir à ses fondements, à l'intangible et à l'essence même de sa culture pour retrouver ce que les pressions exercées par son environnement et les difficultés de cohésion interne lui font oublier de son identité. La culture est alors le moyen de réaffirmer les bases et logiques fondamentales des politiques d'entreprise qui sont en forte évolution au moment de l'action.

C. DÉROULEMENT DE LA DÉMARCHE

La démarche suivie est encore très différente des deux précédentes. L'initiative revient à la direction du personnel et de la formation dans le cadre d'un projet précis au départ d'action sur la gestion de produits. Elle a un objectif concret avec ce séminaire destiné aux chefs de produits et ingénieurs d'exploitation. Plus prosaïquement, la direction attend de voir si les résultats de cette démarche et de l'audit de culture qu'elle entraîne, peuvent apporter quelque chose d'utilisable dans d'autres projets. Nous sommes donc réellement en phase expérimentale.

---

(1) Dussauge (P.), Ramanantsoa (B.), *Les multinationales : champions nationaux ou citoyens du monde : une question d'identité,* R.F.G., n° 47-48.

(2) Thevenet (M.), *L'écot de la mode, op. cit.*

(3) Voir chapitre 3.

1 — Accord avec la direction générale

En l'occurrence, notre interlocuteur est la direction du personnel comme nous l'avons expliqué plus haut. L'accord passé tient compte du caractère expérimental de la démarche :

— Un groupe de travail sera associé à l'ensemble de l'action, depuis la préparation des éléments de la culture jusqu'à l'animation même du futur séminaire.
— Le travail d'enquête sera mené conjointement avec l'entreprise.
— L'action aura comme produit non seulement un séminaire mais quelques pistes sur la culture de l'entreprise.

2 — Sensibilisation d'un groupe

Un groupe a été constitué rassemblant des fonctionnels, des hommes de marketing, des études commerciales et de l'exploitation. Le groupe a reçu une formation sur la notion de culture, ce qu'elle peut apporter aux organisations et les moyens de la mettre en évidence. Cette formation s'est nourrie immédiatement des remarques des participants et des matériaux qui avaient été rassemblés dès les premières réunions avec les responsables de l'action.

Cette formation initiale est très importante et typique des actions sur la culture. En deux journées, elle permet d'amener un groupe de cadres :

— à saisir les enjeux des approches des organisations et savoir pratiquement en quoi consistent les théories qui s'y rapportent ;
— à relativiser leurs propres modes d'approche des problèmes opérationnels de gestion et à admettre l'importance des modes de raisonnement dans le comportement quotidien ;
— à opposer les apports potentiels de l'approche culturelle en comparaison de ceux des autres démarches ;
— à comprendre ce qu'est la culture d'entreprise et surtout ce qu'elle n'est pas ;
— à tester sur des cas extérieurs la pertinence de cette approche ;
— à expérimenter les méthodes de mise en évidence des principaux traits culturels.

Le choix du groupe a été effectué par le responsable de l'action ; il fallait réunir des représentants des principales fonctions concernées mais surtout des personnes motivées par la démarche. Les freins rencontrés proviennent essentiellement du caractère très qualitatif de la méthode et de son absence de modélisation. Tout ce que fait le groupe en analysant des matériaux est opérationnel mais l'utilisation ultérieure des résultats découverts ne le paraît pas forcément.

3 — ENQUÊTE

Le déroulement de l'enquête s'est effectué comme nous le proposions plus haut mais avec une très forte participation du petit groupe.

Le recueil des informations : il est effectué par l'ensemble des membres du groupe à partir des grilles que nous discutons en réunion de suivi, mais aussi sur la propre initiative des membres du groupe qui recherchent des informations pertinentes au gré de leurs opportunités quotidiennes.

L'analyse documentaire a été importante parce que le groupe et la société française avaient énormément écrit sur leur propre histoire et sur les phases de leur développement.

Des entretiens furent menés avec des employés du siège appartenant à des fonctions très diverses. Plusieurs entretiens ont été menés avec des représentants de fonctions particulières : finances, contrôle de gestion, études, direction technique, etc.

Les travaux de groupe tinrent une place importante dans l'enquête. Une expérience fut tentée à partir de l'ensemble des publicités-produits. Nous fîmes l'hypothèse que les publicités de produits pouvaient être révélatrices de l'entreprise qui les commandaient, même si les créatifs des agences et le déterminisme du produit ne manquaient pas de s'exercer. Trois bandes vidéo furent constituées :

— Une première bande rassemblait les publicités de tous les produits sur les deux dernières années : les publicités télévision et cinéma. Cette bande permettait de repérer des ressemblances dans le traitement de la communication alors que des chefs de produits et agences de publicité différents étaient en jeu.
— Une bande sur un produit particulier mais sur une durée plus longue (17 ans) ; cette bande permettait de distinguer entre ce qui est un message obligatoire étant donné la position du produit sur son propre cycle de vie, et ce que l'entreprise apportait au contenu et à la forme du message.
— Une troisième bande avec les produits de la concurrence rapprochés des produits Y. Cette bande permettait de contrôler le déterminisme-produit intervenant dans la conception de messages destinés à des produits de grande consommation.

Après avoir travaillé sur ces bandes, il a fallu rechercher des confirmations ou infirmations de ces traits en les comparant par exemple avec les résultats d'études pratiquées auprès des consommateurs.

Le groupe a élaboré également de l'information pour reconstruire des documents :

— historique des produits et des technologies,
— formalisation de procédures non écrites,
— réécriture de certains événements historiques.

L'enquête s'est déroulée sur plusieurs mois à raison d'une réunion toutes les trois semaines. Un compte rendu était établi à l'issue de chaque réunion, précisant les apports de la réunion précédente ainsi que les programmes individuels de travail pour la prochaine. Tous les documents établis étaient distribués à chacun. Le rôle du consultant revenait à diriger l'interprétation des documents et suggérer la collecte d'informations complémentaires (4).

4 — Validation par le groupe

Les hypothèses se sont constituées à l'issue de chaque réunion de groupe et une partie de ces rencontres étaient consacrées à la recherche d'événements permettant de les valider.

Le groupe testait également ces hypothèses à l'aide d'un logiciel lui permettant de voter et d'analyser les votes : cette méthode permet de dégager une échelle de plus ou moins grande acceptation des propositions construites.

Dans cette démarche, le principe même est une validation permanente par le groupe de toutes les pistes d'hypothèses qui ont été construites.

5 — Formalisation des hypothèses

La formalisation a été nécessaire pour construire le séminaire qui traitait de la gestion des produits à travers la culture d'entreprise. Nous avons donc réalisé un groupe-pilote de formation chargé de tester le contenu, la démarche et l'intérêt de ce rapprochement entre une procédure de gestion fondamentale pour l'entreprise et sa culture.

Les hypothèses ont donc pris la forme de documents de séminaire. La logique même de celui-ci s'est moulée sur les traits principaux qu'il s'agissait de découvrir et de discuter :

— La relation aux procédures et au fonctionnement bureaucratique était apparue comme un point fort ; chacun trouvait que cette formalisation était trop forte, comme dans toute organisation mais, en fait, Y se révéla une entreprise plutôt souple quand il s'agit de développer des modes de résolution de problèmes concernant son métier le plus profond ; il n'existait pas, par exemple, de bible rigoureusement précise pour lancer un produit : chaque chef de produit, dans le réseau de contraintes qui était le sien, construisait son propre schéma. Cet aspect des procédures est devenu un thème du séminaire avec des documents historiques à l'appui permettant de distinguer entre la nécessité de précision dans les procédures existantes et le besoin permanent de procédures.

---

(4) On se référera au dossier d'Intersocial de janvier 1985 sur le « Bilan Culturel » d'Holodis.

— La notion de discrétion : elle apparut lors de l'analyse des publicités-produits. Nous avons vérifié auprès de publics différents ce trait particulier : il est devenu une des conclusions majeures de l'analyse publicitaire lors du séminaire et il fallut trouver d'autres indices permettant au groupe de confirmer cette première piste.

— Le système de valeurs : un des résultats de l'enquête mit en évidence le mode de contrôle des résultats budgétaires et économiques de l'entreprise : le système de contrôle privilégie la notion de marge à celle de part de marché. C'est une évidence quand on observe la rigueur du système de contrôle de gestion entièrement construit pour calculer les divers échelons de marge ; c'est une évidence pertinente quand on reprend le mode de décision et de contrôle des performances des produits. Le système de valeurs est profondément marqué par ce signe qui devient symbolique. Le séminaire a dû reprendre des exemples et des illustrations de cette hypothèse pour conforter cet axe de réflexion sur la culture de Y.

6 — Diffusion des résultats

Les séminaires sont un premier moyen de diffuser les résultats de cette enquête. Ils s'adressent à des cadres dont l'activité touche directement à la gestion des produits : chefs de produits ou responsables industriels mais aussi logistiques.

Cette diffusion est actuellement en cours et se poursuivra autour du thème central de la gestion de produits. Les résultats à propos de la culture, sous forme des grands traits culturels de l'entreprise, s'affinent à chaque séminaire et pourront servir à d'autres actions.

D. RÉSULTATS DE LA MISSION

L'entreprise Y obtient trois types de résultats à l'issue de l'audit :

1 — A court terme, les stagiaires acquièrent une autre façon de voir la gestion de produits qui constitue leur activité courante : on peut en attendre le développement d'un langage commun, la relativisation des règles et des contraintes qui pèsent sur cette procédure ainsi qu'une aide à la recherche de solutions pour une gestion des produits plus performante.
Les relations entre les différentes parties prenantes doivent s'en trouver facilitées : à ce stade de résultat, l'approche culturelle a joué comme une technique de formation d'équipe (team-building) dans une démarche d'O.D.

2 — Aujourd'hui, le management se développe selon d'autres canons et selon des logiques nouvelles ; la culture d'entre-

prise et l'apprentissage de ses méthodes et de son contenu procèdent de ce mouvement : la sensibilisation des cadres de ce grand groupe est donc nécessaire dans le cadre de leur formation au management. La démarche culturelle intégrée dans la formation des managers a cet avantage d'être orientée vers des investigations et réflexions très concrètes et opérationnelles : c'est l'apprentissage d'un autre mode de raisonnement. Notons que ce besoin est assez largement ressenti : nous avons enregistré de nombreuses demandes destinées à une simple sensibilisation de l'encadrement à cette approche avant de se lancer, éventuellement, dans une enquête plus longue.

3 — Cette sensibilisation n'est pas une simple information des cadres mais également une ouverture à des changements éventuels. Les théoriciens de la culture ont montré que le changement n'est pas forcément facilité si on s'accroche à sa culture mais la marge de changement possible que permet d'entrevoir la culture de sa propre entreprise aide à trier entre ce qui est important ou pas, intangible ou pas, constitutif de patrimoine ou pas.

TROISIÈME PARTIE

LES SUITES D'UN AUDIT DE CULTURE

CHAPITRE 7

LES RÉSULTATS D'UN AUDIT DE CULTURE

A l'issue de l'audit, nous disposons d'hypothèses sur la culture qui sont précisées et affinées par la confrontation avec les groupes de travail et la direction. Dans ce chapitre, nous montrerons quelles formes prennent les résultats de ces enquêtes et le rapport d'audit.

Les résultats apparaissent sous forme de propositions qui sont argumentées avec les différents indices maillés que nous avons collectés. Dans une intervention, par exemple, nos trois propositions principales, étaient :

— la recherche permanente de la rentabilité financière à court terme plutôt que l'efficacité économique et commerciale ;
— un sens de l'aristocratique et du luxe dans la conception des produits, de leur relation aux consommateurs, de la communication, voire de la gestion du personnel : on intègre le groupe après de nombreuses épreuves mais on y reste (attitude très originale dans le secteur d'activité concerné) ;
— une définition du métier : l'entreprise fabrique et vend des produits de consommation courante mais son métier concerne en fait le mode de consommation de ce produit.

Ces résultats montrent le caractère « transversal » des conclusions de l'audit ; elles concernent le mode d'évaluation des résultats, le métier et le mode de relation à l'activité et aux personnes. Dans d'autres études, sont apparus les thèmes de la relation au passé, de la règle de gestion informelle, du primat de la démarche technicienne ou du poids des fondateurs. L'énoncé de ces thèmes est complété par l'étude d'un ensemble d'indices, de faits et d'événements qui apportent un autre regard sur le fonctionnement de l'organisation, plus riche que le simple libellé des traits de la culture.

Nous passerons aussi en revue différentes formulations des conclusions d'études de culture. Les chercheurs et consultants qui s'y sont intéressés se sont progressivement construits différents modèles de présentation.

Parmi les études qui fournissent des résultats sous le vocable de « culture », apparaissent des logiques d'enquête très hétéroclites.

D'une part, on essaie de construire des typologies d'entreprises correspondant à de grandes familles de culture, ou des comparaisons entre des « niveaux de culture » de groupes d'entreprises. D'autre part, on se concentre sur une seule entreprise dont on met en valeur la propre culture : la modélisation se limite alors à une référence, à des grilles qui tracent un cadre des différentes catégories d'hypothèses fondamentales ou des stades de développement de l'entreprise.

Les approches que nous décrivons maintenant donnent des exemples de ces diverses formulations de la culture d'entreprise ; elles ne constituent pas le relevé exhaustif de toutes les descriptions possibles.

Nous distinguerons quatre modes de présentation des traits culturels d'une entreprise :

— Une typologie d'entreprises.
  Des études ont relevé les caractéristiques organisationnelles d'entreprises ainsi que leurs perceptions de leur activité et de leur fonctionnement : elles ont analysé ces résultats sous forme de typologies d'entreprises auxquelles on a attribué des traits culturels.
— Une typologie de cultures.
  Des recherches tendent à définir des types de cultures. Elles utilisent souvent des métaphores (comme celle de la mythologie grecque) pour différencier des cultures d'entreprises.

Ces deux approches globales ne donnent pas une idée claire de la culture de l'entreprise en particulier, mais elles lui permettent de se distinguer par rapport à d'autres et de considérer qu'un certain nombre de ses caractéristiques ne sont pas « normales » ou « inaltérables ».

— Des catégories de traits culturels.
  La culture se compose d'hypothèses fondamentales sur lesquelles fonctionne l'entreprise. Plusieurs grilles de ces hypothèses ont été constituées à partir d'études qui révélaient la pertinence ou la régularité de domaines qui donnaient lieu à la concrétisation d'hypothèses.
— Des stades d'évolution.
  On a aussi voulu rapprocher la culture du stade de développement économique auquel se situait l'entreprise. Celle-ci passerait ainsi par des phases auxquelles sont associées certains grands traits culturels.

7.1. ÉTUDES COMPARATIVES SUR DES GROUPES D'ENTREPRISES

Le cabinet Hay Associates mène depuis longtemps des études sur le climat du management de centaines d'entreprises auprès des niveaux supérieurs du management de ces firmes à qui l'enquêteur demande leurs perceptions du mode de fonctionnement de l'entreprise.

Un chercheur, M. Gordon (1), eut l'idée d'exploiter cette masse de données pour mesurer la culture de ces entreprises et établir des comparaisons de culture. S'inspirant du *Prix de l'Excellence,* il mit en évidence, non pas huit mais onze dimensions principales du management qui recouvraient des logiques fondamentales de celui-ci. C'était par exemple :

— l'intégration ou la mesure dans laquelle les unités sont encouragées à travailler ensemble ;
— l'encouragement de l'initiative individuelle ;
— la capacité à expliciter et régler les conflits ;
— l'orientation vers l'action ;
— l'orientation vers le développement des ressources humaines.

Le chercheur construit ensuite des échantillons d'entreprises pour les opposer sur ces dimensions. Il compare ainsi les services publics à des entreprises intervenant sur des marchés normaux.

Ses conclusions se situent évidemment au plan des différences de culture selon les secteurs qui ont dû s'adapter à leurs différents marchés. Les résultats apparaissent sous forme de graphiques permettant la comparaison entre des secteurs sur les 11 dimensions. Les entreprises opérant sur les marchés semblent encourager plus à l'initiative que les services publics où les salariés sont plus satisfaits de l'équité du système de compensation que dans les premières.

Ces résultats sont globaux ; leur référence au *Prix de l'Excellence* n'est pas fortuite. On fait une agrégation de quelques facteurs que l'on relie pour les comparer à la performance acquise mais aussi à d'autres agrégations. Le nombre d'observations permet de travailler sur la régularité de traits spécifiques.

En aucun cas nous n'avons la description d'une culture d'entreprise mais plutôt un réseau de perceptions sur des questions relatives à son fonctionnement et son management.

---

(1) Gordon (G.G.), *The Relationship of corporate culture to industry sector and corporate performance,* in « Gaining control of the corporate culture », Jossey-Bass, 1985.

Comparaison de la culture d'entreprises en situation de monopole et d'entreprises du secteur commercial

Extrait de Gordon G.G. *The relationship of corporate culture* to industry sector and corporate performance, in « Gaining control of the corporate culture », Jossey-Bass, 1985.

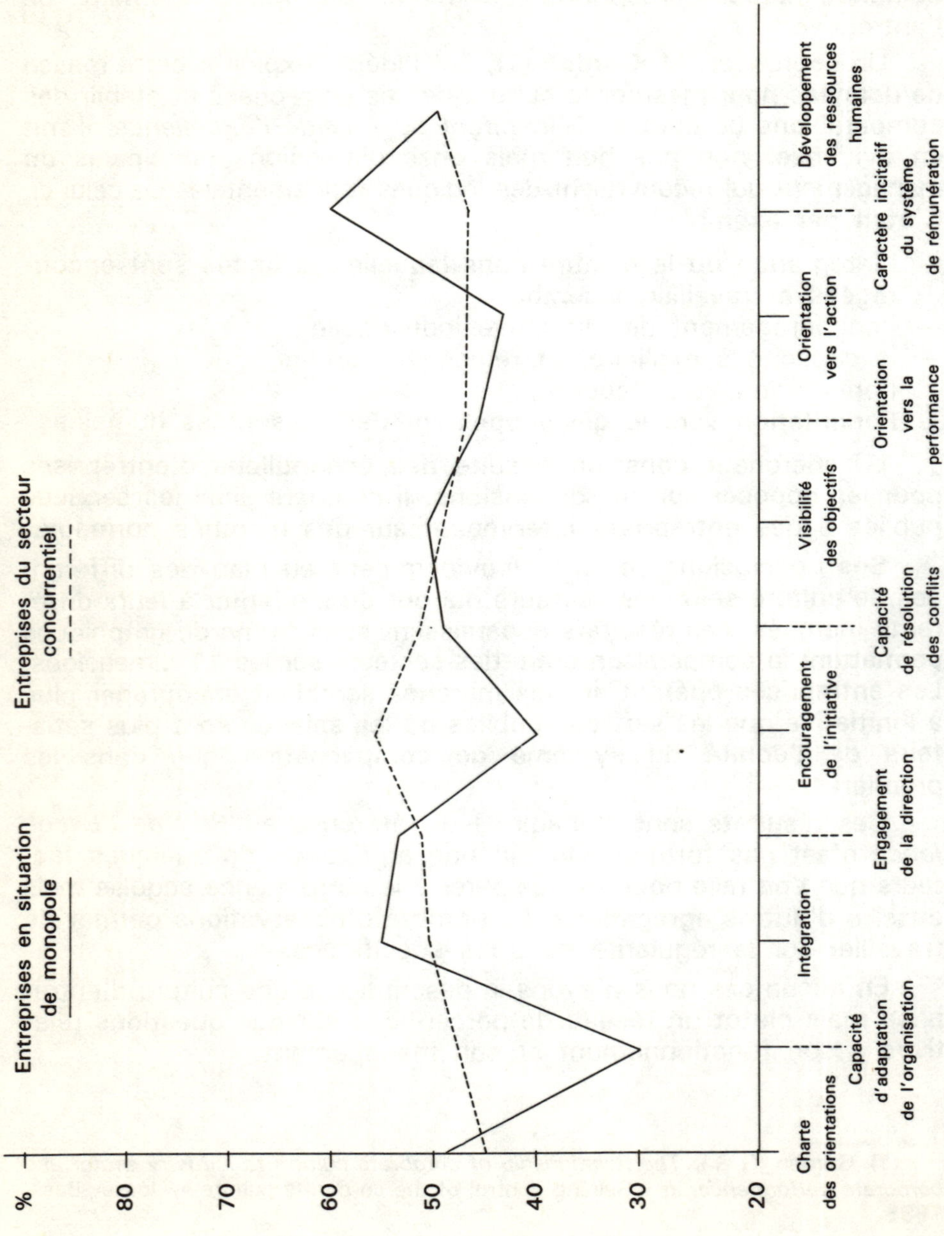

L'intérêt de ces études est de comparer des secteurs ou des groupes d'entreprises entre elles :

— ces groupes constitués doivent être pertinents ;
— nous avons des liens apparents entre des caractéristiques agrégées et la performance par exemple mais nous ne savons rien de la culture d'une de ces entreprises ;
— reste à être prudent sur la notion de lien entre traits culturels agrégés et la performance globale du groupe : les entreprises de sidérurgie ne comprennent pas toujours qu'une culture forte soit un facteur de succès selon le Prix de l'Excellence.

7.2. TYPOLOGIES D'ENTREPRISES

Les typologies de cultures sont nombreuses. Elles proposent des types de cultures, de modes de fonctionnement, d'approches de l'activité, du management, etc. Nous en présenterons rapidement 3 exemples :

— Une approche déjà ancienne de Blake et Mouton qui, dans une logique ressortissant de l'École des Relations Humaines, propose deux orientations principales de l'entreprise qui fondent selon eux deux cultures opposées. Cette approche est complètement binaire. Ce modèle a été très largement répandu dans les ouvrages et actions de management durant ces quinze dernières années.
— Une seconde typologie, celle de Charles Handy a l'originalité de représenter quatre grandes cultures affublées du nom d'un dieu grec. Cette typologie, fondée sans doute sur une grande expérience des entreprises, propose quatre types différents d'entreprises qui fonctionnent sur quatre logiques très différenciées.
— La dernière typologie, fondée sur une grande enquête auprès d'entreprises françaises, est proposée par le C.C.A. Elle a la particularité de proposer deux grands axes qui structurent l'espace des entreprises.

A. L'APPROCHE DE BLAKE ET MOUTON

Cette approche du management a été très largement diffusée. Nous la reprenons brièvement ici car nous trouvons chez ces auteurs l'évocation de la culture d'entreprise dès le milieu des années soixante. Rappelons en deux mots les deux orientations du management selon Blake et Mouton (2) :

---

(2) Blake (R.R.), Mouton (J.S.), *Les deux dimensions du management,* Les Éditions d'Organisation.

— une orientation vers la production, l'efficacité et le résultat économiques ;
— une orientation vers les hommes, leur satisfaction et leur épanouissement.

Ce genre de modèle binaire induit évidemment 5 positions possibles. Deux qui sont fortement marquées par une orientation en rejetant complètement l'autre. Des styles de management manquent totalement de consistance parce qu'ils fonctionnent sans référence à l'une ou l'autre de ces deux logiques ; une position centrale tient compte pour partie de l'une et de l'autre et, bien sûr, le management idéal concilie les deux orientations qui, cumulativement, apportent la pleine efficacité.

Un des questionnaires de Blake et Mouton a trait à la culture : les questions qui le composent concernent les réactions de l'entreprise face à certaines procédures et actions : planification, mode de contrôle, réaction aux hommes, etc. L'exploitation en est faite selon la grille célèbre.

B. LES DIEUX DU MANAGEMENT

La typologie de Charles Handy (3) a au moins le mérite de l'originalité. Il distingue quatre types de culture qui seront associés à quatre dieux grecs :

• *ZEUS ou la culture de club*

Son emblème est la toile d'araignée. L'organisation qui dispose de cette culture apparaît plus comme une toile d'araignée faite de multiples réseaux que comme une hiérarchie verticale. Zeus intervient en tant que patron des dieux : il représente le patriarcat, l'autorité charismatique qui s'insinue à travers toute l'organisation grâce à un réseau constitué par ses hommes dont les postes ne correspondent pas forcément à leur pouvoir effectif. Ce type de fonctionnement s'avère très utile pour la vitesse de décision mais la succession y est un grave problème. L'entreprise fonctionne sur l'empathie et les bonnes relations entre les gens. Le principal guide d'action est en effet : « Que ferait Zeus à ma place ? »

Ce type de culture semble être caractéristique d'entreprises qui démarrent ; c'est également le cas des entreprises familiales quand ses membres interviennent encore beaucoup et *a fortiori* en présence du fondateur avec la succession et le fonctionnement sur un mode affectif, on retrouve leurs problèmes traditionnels.

• *Apollon ou la culture de rôle*

Son emblème est un temple grec. Par rôle, il faut entendre le

---

(3) Handy (C.), *The Gods of Management*, traduction française, Les Éditions d'Organisation (à paraître).

travail attendu par l'organisation de chacun de ses membres. Cette culture correspond en fait à la bureaucratie telle qu'elle est définie en sociologie des organisations. L'entreprise fonctionne sur la base d'un système de règles, de procédures, de structures qui doivent garantir son efficacité.

Effectivement, Apollon est présenté comme le dieu de l'ordre et des règles. Stabilité et prévisibilité seront deux termes importants pour cette culture très sécurisante où l'on n'aime ni ne supporte beaucoup le changement.

La culture-Apollon peut s'accompagner d'une très grande efficacité dans la mesure où l'organisation intervient dans un environnement qui change peu. Il serait injuste de prendre le terme de bureaucratie dans un cadre trop étroit ; cette situation n'est pas forcément synonyme d'administration : beaucoup d'entreprises industrielles ou de services fonctionnent selon cette même logique, dans leurs sièges sociaux par exemple ; leur environnement ne change pas et leur efficacité se maintient.

• *Athéna ou la culture de projet*

Son emblème est un filet. Cette culture est entièrement tournée vers la résolution de problèmes. L'organisation est un maillage de commandos, de petites unités très indépendantes qui interviennent en force dès que le besoin s'en fait sentir ; le but n'est plus d'appliquer les règles pour assurer l'efficacité mais de se mobiliser dès que les nécessités opérationnelles apparaissent. Cette culture est performante et vivable quand les membres de l'organisation ont des compétences très définies, circonscrites et utilisables ; la régulation se fait alors sans problèmes et la direction d'équipe est enthousiasmante.

Athéna, déesse de la guerre, sait mobiliser ; il existe dans des organisations marquées par cette culture des objectifs et un esprit qui est prêt à se mobiliser. Généralement, c'est une culture transitoire.

• *Dyonisos ou la culture existentielle*

Cette culture est bien curieuse. Les membres n'y sont pas subordonnés à l'organisation, c'est l'inverse : l'organisation sert les individus pour qu'ils atteignent leurs buts individuels. Handy donne l'exemple du regroupement de professionnels (médecins ou avocats). Ils rassemblent leurs talents qui forment l'actif principal de l'organisation.

Dyonisos représente une culture éloignée de nos expériences courantes dans l'industrie et le service. Elle met en valeur cette situation particulière où le talent individuel représente l'actif.

Handy développe cette métaphore : il trace le portrait de ces cultures, souligne la nécessité d'un panachage de cultures dans une même organisation, les problèmes de crise qui se posent fréquemment autour de ce passage inéluctable autour d'Apollon qui guette et menace toutes nos organisations. Son approche, très séduisante et caractéristique de nombreuses typologies du même ordre doit être assortie de plusieurs remarques :

— On se demande souvent quelle est exactement la notion de culture dont on parle : c'est effectivement une logique de fonctionnement dont les termes principaux sont la relation entre la personne et l'organisation d'une part, le mode de structuration d'autre part, une conception de l'activité enfin. Les descriptions qui en sont faites restent relativement lâches.
— Une de ces quatre cultures cache toutes les autres : c'est Apollon ou la bureaucratie traditionnelle que la plupart des entreprises aujourd'hui, sous la pression de leur environnement et des difficultés de coopération interne, tentent de contenir grâce aux préceptes d'excellence. Sur la carte des entreprises, la typologie de Handy ne discrimine pas vraiment entre les situations très diverses que nous rencontrons : il y aurait la masse des Apollons et quelques rares curiosités.
— Cette grille est donc assez proche de celle de Blake et Mouton en ce sens qu'elle nous propose quelques orientations sur lesquelles les organisations s'opposent ou se différencient ; elle cadre donc notre réflexion, met en valeur certaines modalités de fonctionnement de l'entreprise mais ne nous permet pas vraiment de dégager les finesses de la culture d'une entreprise en particulier.

C. LES TYPES D'ENTREPRISES DU C.C.A.

Cet organisme, comme la C.O.F.R.E.M.C.A., s'intéresse aux évolutions socio-culturelles des Français. Dans un de ses ouvrages, Mike Burke propose une typologie des entreprises qu'il a construite à partir de ses enquêtes auprès des entreprises et de leurs cadres (4).

Selon le schéma suivant (5), quatre principales mentalités d'entreprises existent qui se positionnent selon deux axes :

— l'un d'ouverture ou de fermeture à l'environnement ;
— l'un qui va d'une ouverture au changement et à l'innovation jusqu'à un sens profond de l'ordre et de la discipline.

Ces deux axes mettent en valeur une attitude vis-à-vis de l'environnement et une plus ou moins grande capacité à changer, à faire évoluer l'organisation.

---

(4) Burke (M.), *Les styles de vie des entreprises et les cadres,* Interéditions, 1984.

(5) Burke (M.), *L'entreprise et les courants socio-culturels de la France d'aujourd'hui,* R.F.G., n° 47-48.

OUVERTURE A L'ENVIRONNEMENT

MENTALITÉ
EXPLORATRICE 27 %

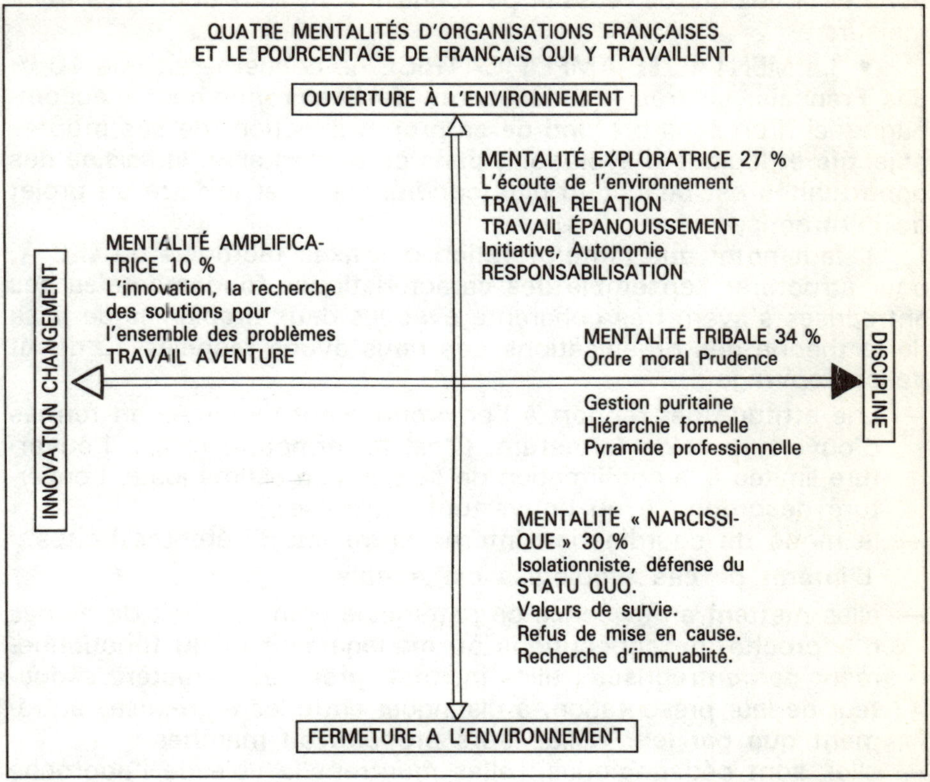

Tiré de R.F.G., sept-oct. 1984

• La MENTALITÉ NARCISSIQUE concernerait des entreprises qui emploient 30 % des Français. Elle se caractérise par une grande fermeture à l'environnement, à toutes les informations qui pourraient remettre en cause le *statu quo.* La stagnation, l'immobilisme et le centralisme sont encouragés par cette mentalité.

• La MENTALITÉ TRIBALE s'impose à 34 % des Français travaillant dans des entreprises. On se trouve être plus ouvert à l'environnement dans cette catégorie d'entreprises dans la mesure où l'organisation y trouve les opportunités de développer ses propres visions du monde. Comme l'indique sa dénomination, cette culture favorise la constitution d'une tribu, d'une caste avec l'ordre interne qui la caractérise, son respect d'une certaine hiérarchie, son conformisme.

• La MENTALITÉ EXPLORATRICE : 27 % des Français travailleraient dans des entreprises très ouvertes à l'environnement, prêtes à saisir toutes les opportunités qui s'y présentent. Agressivité, compétition, volonté personnelle y sont des vertus. Le sens des relations et la volonté de réussite personnelle sont sans doute des traits majeurs.

• La MENTALITÉ AMPLIFICATRICE ne concernerait que 10 % des Français. La très grande écoute de l'environnement s'accompagne ici d'un sens profond de sa propre direction, de ses propres objectifs et logique d'évolution ; dans cette mentalité, la saisine des opportunités est beaucoup plus conditionnée par le filtre du projet de l'entreprise.

Il faut noter que l'interprétation des axes factoriels du C.C.A. pour structurer l'ensemble des caractéristiques fondamentales des entreprises s'avère très cohérente avec les deux problèmes de base de la théorie des organisations que nous avons rappelés au début de cet ouvrage :

— une attitude par rapport à l'environnement exprimée en termes d'ouverture et de fermeture. C'est la fermeture totale, l'ouverture limitée à la confirmation de ce que l'on estime juste, l'ouverture désordonnée ou l'ouverture contrôlée ;
— le mode de coordination interne entre les différentes unités ;

L'intérêt de ces typologies est double :

— elles mettent en évidence ce patrimoine commun, fait de modes d'approche, de conceptions du management et du fonctionnement des entreprises ; elles incitent, grâce au caractère séducteur de leur présentation, à distinguer entre les entreprises autrement que par leur taille, leurs produits ou marchés ;
— elles sont pédagogiques : elles montrent la voie de l'approche culturelle ; elles donnent un premier cadre à partir duquel vont se construire les premières hypothèses.

Toutefois, il est clair qu'elles sont constituées par agrégation de données d'enquête — ou de constatations — qui sont ensuite analysées. Elles ne résultent pas d'une étude détaillée de la culture des entreprises.

7.3. LE CONTENU DES TRAITS CULTURELS

C'est la troisième façon de présenter des résultats d'un audit de culture. La notion de culture est prise au plein sens du terme ; on se place ici strictement au plan des logiques fondamentales sur lesquelles l'entreprise agit.

Cinq catégories d'hypothèses fondamentales permettent d'exprimer la culture d'une entreprise (6).

A. LA RELATION À L'ENVIRONNEMENT

Cette dimension se rapproche de la relation à la nature. Les personnages-clés de l'organisation peuvent se sentir aptes à dominer, subir, établir un compromis avec leur environnement. L'entreprise de notre mission 2 (voir *supra*) en est un très bon exemple : c'est un nain parmi des géants du marketing. Mais avec très peu de moyens en marketing et communication, l'entreprise s'est constituée des niches extrêmement efficaces qui lui permettent de concurrencer les plus grands fabricants de cosmétiques. Dans leurs comportements, leur façon de diriger et d'envisager les marchés et les fournisseurs, l'entreprise fait preuve de cette attitude de défi permanent vis-à-vis des grands concurrents en profitant de sa taille et de sa souplesse pour les braver.

B. LA RELATION AU RÉEL ET AU VRAI

Tout groupe se caractérise par sa manière d'appréhender la réalité qui lui devient pertinente.

Très couramment on estime que les managers américains (7) sont plus pragmatiques en recherchant la validation de leurs hypothèses dans leur propre expérience, alors que les managers européens seraient plus moralistes en cherchant une validation dans des considérations philosophiques ou morales ; cette différence illustre bien ce que l'on entend par conceptions de la réalité mais aussi de ce qui sera considéré comme vrai.

Tout ce que l'entreprise admet comme vrai sans chercher à le confirmer est le résultat de son apprentissage. Une grande entreprise de services avait lancé un jour une large campagne de publicité institutionnelle ; lors d'un diagnostic quelques années plus tard, toutes les personnes interrogées me dirent que cette campagne avait été un redoutable échec pour l'entreprise sans que jamais je ne puisse accéder à un élément de preuve : cette perception de l'échec correspondait à la vérité pour tout le monde.

A cette catégorie d'hypothèses, il faut ajouter les différentes conceptions du temps et de l'espace : l'entreprise de la mission 2 travaille sur des coups, donc à très court terme ; il s'est avéré difficile de faire passer l'idée, pour le projet, d'agir à long terme.

---

(6) Schein (E.H.), *op. cit.*

(7) England (D.), *The Manager and his Values*, Cambridge, Mass : Ballinger, 1975.

Dernier exemple rencontré souvent sous différentes déclinaisons : le sentiment de sa propre qualité par rapport à la concurrence ; c'est la conception que l'organisation se fait d'elle-même. L'organisme de la mission 1, par exemple, vit dans le sentiment largement partagé entre toutes les catégories de personnel, qu'il est meilleur que la concurrence, que sa qualité atteint des standards élevés. Dans une institution concurrente, le sentiment est inverse : persuadée d'être dépassée par ses concurrents, l'organisation se trouve gênée dans toutes ses actions alors que le marché potentiel et les professionnels du secteur attendent ses initiatives.

C. UNE CONCEPTION DE LA NATURE HUMAINE

Cet aspect fondamental de la culture apparaît dans tout audit de la culture : chacun d'eux suppose une conception de l'individu, de son rôle dans l'entreprise, des obligations et droits de l'entreprise à son égard. Les approches de Mc Gregor (théories X et Y) ont popularisé cette notion d'attitude fondamentale vis-à-vis de l'individu et de sa participation dans l'entreprise.

Les exemples ne manquent pas, de l'entreprise qui fait reposer sur les personnes la responsabilité de ses problèmes de fonctionnement et qui change ses cadres dès que la situation de gestion devient critique, jusqu'à celle où aucune modification ne pourra intervenir dans le système d'avantages sociaux si le directeur général n'a pas vérifié que le changement proposé correspond bien à la philosophie des relations entre l'entreprise et ses salariés.

D. LA CONCEPTION DE L'ACTIVITÉ HUMAINE

Les hypothèses fondamentales de cette catégorie se rapportent à ce qu'il « faut faire » ; chaque entreprise génère des codes de ce qui doit se faire et peut se faire. Le management exprime ces hypothèses fondamentales : prendre une décision, recruter, donner un ordre, sont des activités qui ne sont pas menées sur une seule référence technocratique : il y a de « bonnes » et de « mauvaises » façons de faire.

Ainsi, il apparaît, lors d'un diagnostic social, que l'absentéisme est associé avec des façons complètement différentes de concevoir l'activité d'agences d'une même banque qui fonctionnent selon les mêmes procédures et structures (8).

---

(8) Thévenet (M.), *L'absentéisme en milieu bancaire... op. cit.*

E. LA NATURE DES RELATIONS HUMAINES

Les relations entre les gens ne sont pas une donnée ; elles sont un trait de culture car elles sont particulières à chacun et elles influent sur les modes de fonctionnement de l'entreprise.

Chacun connaît les principes du tutoiement et les rites plus ou moins conviviaux qui caractérisent chaque entreprise. Schein a essayé de distinguer entre différents types de relations : neutres ou chargées émotionnellement, diffuses ou spécifiques, etc.

LA CULTURE

Nous en avons décrit les grandes catégories de traits à partir des cinq types d'hypothèses fondamentales de Schein ; la conclusion d'une enquête de culture prendra la forme d'une liste de cinq niveaux d'hypothèses.

Cela permettra d'éviter de ne considérer dans la culture que l'aspect humain et relationnel qui n'est pas forcément le plus intéressant. Trop souvent, la culture n'est décrite que sur cette dimension ; or, avec la banalisation de certains comportements-modèles, une trop brève analyse ne permet pas de distinguer les nuances de cette dimension.

Le dernier stade de formalisation demandera donc au consultant de connecter cet ensemble d'hypothèses pour définir une ou plusieurs logiques sous-jacentes, comme nous l'avons fait pour la mission 1.

7.4. DES PHASES DE CULTURE

L'explication de la culture emprunte parfois à l'histoire et à ses cycles supposés. Les deux illustrations qui suivent sont très pédagogiques de ce point de vue.

A. LE DÉVELOPPEMENT d'une entreprise se décomposerait (Schein et Dyer (9)) en trois grands stades correspondant à des moments de leur évolution mais aussi à des cultures différentes.

---

(9) Schein (E.H.), *op. cit.*

Dyer (W.G.), *The Cycle of Cultural Evolution in Organizations*, in *« Gaining the Control of corporate culture »*, *op. cit.*

1 — NAISSANCE ET PREMIERS DÉBUTS

La culture marque dans ces premières années une compétence distinctive et une source de cohésion pour la phase de développement que va subir l'entreprise. La culture a pour fonction d'aider l'entreprise à se formaliser et à se structurer.

C'est le cas d'une entreprise familiale avec son fondateur qui exerce un pouvoir charismatique sur l'ensemble de l'organisation. Préférence est donnée aux membres de la famille qui perpétuent son pouvoir et facilitent les adaptations nécessaires à la croissance.

2 — AU MILIEU DU GUÉ

C'est une phase d'expansion importante, commerciale, géographique, structurelle. Elle a lieu parce que l'entreprise a atteint un niveau minimum de formalisation et d'organisation.

Pour l'entreprise familiale, la famille doit intégrer des non-membres dans les structures ; les circonstances de leur venue (besoin de spécialistes, demande des partenaires) obligent à de meilleures relations de confiance avec eux. Son attitude vis-à-vis de l'environnement est moins proactive : il faut négocier et trouver des compromis.

3 — LA MATURITÉ

Les marchés atteignent leur maturité, voire, commencent à décliner ; la structure accède à la stabilité ou même à l'immobilisme.

On commence à voir apparaître des comportements et modes de référence plus individualistes ; la coupure s'installe entre des catégories de salariés (cadres-ouvriers, commerciaux-producteurs). On se fond tout à fait dans l'environnement que l'on subit de plus en plus ; on attend de plus en plus des principes et techniques de management.

Dans ces trois phases, les hypothèses de base de la culture telles que les exprime Schein, ainsi que son rôle. Malheureusement, il sera parfois difficile de situer ces phases, tant les problèmes évoqués à chacune d'elle ne les distinguent pas.

B. LA SECONDE PRÉSENTATION tente d'isoler plus strictement des états de l'entreprise qui présupposent chacun un état de la culture. Par rapport au découpage précédent, cette présentation est moins liée au temps, et à la notion de cycle d'évolution de l'entreprise. Trop souvent, l'entreprise est assimilée à un produit qui subit un cycle de vie avec des phases et, surtout, un destin, inéluctables. L'approche cyclique peut être dangereuse pour les organisations. Il n'y a pas de fatalité au déclin des organisations : A. Hirschmann le montre très bien en fixant les causes de ce déclin et les moyens de l'éviter (10).

En travaillant sur la culture et le projet de l'entreprise, il est important de présenter des résultats qui ne sous-entendent pas cette inéluctabilité.

Deux variables sont utilisées pour tracer le tableau carré de cette présentation :

— les performances économiques de l'agent économique-entreprise : ce sont ses résultats économiques tels qu'ils apparaissent au bilan ;
— les réserves d'implication ; elles sont le volume d'implication que rassemble l'entreprise auprès de ses membres ; cette notion insiste sur la nécessité d'avoir une implication partagée et répandue dans l'entreprise et pas seulement auprès de quelques-uns de ses membres.

PERFORMANCES ÉCONOMIQUES		
FORTES	entreprise mature BUREAUCRATIE	entreprise excellente ENTREPRISE
FAIBLES	?	entreprise en création entreprises en développement ÉQUIPE
	FAIBLES	FORTES
	RÉSERVES D'IMPLICATION	

• *Équipe*

Cette organisation possède de fortes réserves d'implication mais de faibles résultats économiques. C'est l'entreprise en création qui rassemble autour d'un homme ou d'une équipe, des compétences et une volonté de faire œuvre commune. Les résultats ne sont pas encore bons mais l'équipe fonctionne avec une très grande homogénéité autour d'une idée mobilisatrice.

Les cultures de pionnier qui en découlent n'apparaissent pas seulement en phase de création mais aussi en phase de redémar-

(10) Hirschman (A.O.), *Face au déclin des entreprises et des institutions,* Éditions Ouvrières.

rage, après une crise, une réorientation stratégique ou un changement de direction.

Les caractères de cette culture sont :

— Une adhésion à l'entreprise centrée sur des valeurs, un projet, un but, un attachement à des hommes et à une équipe, à l'image d'un produit. Nous avons retrouvé cette caractéristique, par exemple, dans la filiale française d'un groupe étranger ; en position minoritaire sur le marché, cette filiale s'est constituée autour de la seule idée que le produit étranger était un des meilleurs du marché ; cette adhésion a servi de ciment à l'ensemble de l'équipe.
— La subordination de l'activité et du mode de fonctionnement à quelques principes : peu nombreux mais très forts.
— La détermination des procédures et des règles « va de soi » parce que les valeurs sont suffisamment fortes.

• *Entreprise*

Cette forme d'organisation rassemble à la fois de fortes réserves d'implication et de bons résultats économiques ; elle réalise le difficile optimum que toute entreprise devrait atteindre. L'activité s'est développée ; l'organisation a formalisé ses règles, elle a intégré des membres qui n'ont pas forcément participé à la phase de croissance forte et de développement.

Cette culture est plus que managériale ; il n'existe pas seulement une forte intégration de toutes les préoccupations économiques et organisationnelles : l'entreprise parvient encore à agir et fonctionner selon son système de valeurs.

L'analyse de cette culture va faire apparaître les cohérences fondamentales de la gestion et de l'organisation.

Les caractères de cette culture sont :

— un fondement des règles en termes de valeurs réexprimées à chaque étape de réglementation ;
— une très grande activité de formalisation ;
— un souci d'affirmation de l'entreprise.

• *Bureaucratie*

Elle associe bons résultats économiques et faibles réserves d'implication. C'est la démonstration même de la bureaucratie qui atteint l'efficacité grâce à la qualité des systèmes qu'elle a mis en place. Les signes de cette situation sont nombreux. Les membres de l'organisation ne repèrent plus le fondement de l'activité de l'organisation en termes de valeurs ; on ne réglemente plus sur l'activité mais sur la façon de comprendre et d'appliquer la réglementation existante. Cette organisation ressemble à l'animal du dessin animé qui court au-delà de la falaise avant de s'apercevoir qu'il n'a plus de sol sous les pieds.

Cette situation rappelle beaucoup d'entreprises, grandes pour la plupart, dont le fonctionnement routinier leur permet de s'assurer une survie dans un environnement qui change peu.

Les caractères de cette culture s'expriment autour :

— d'un repli sur soi ;
— d'un évitement des conflits ;
— d'une recherche des compromis ;
— d'une fermeture aux évolutions internes et externes.

• *L'organisation « ? »*

Le signe qui la représente suffit à poser le problème : est-ce encore une organisation ? Sans réserves d'implication ni résultats économiques, nous sommes dans une situation où l'organisation en tant que corps social, rassemblé par une mission commune, n'a plus de sens.

L'utilité des présentations « historiques ».

Elles ont un inconvénient majeur :

— elles distinguent mal entre une culture réelle et un stade de développement organisationnel ;
— elles sous-entendent une sorte de déterminisme implacable du temps, du stade de développement.

Elles ont les avantages de leurs inconvénients :

— elles induisent que la culture n'est pas un patrimoine figé mais évolutif : la culture n'est donc pas un facteur de repli sur ce que l'on estime être une richesse inaltérable ;
— elles expriment toutes de réelles façons de penser des problèmes d'organisation et non pas de simples agencements de variables organisationnelles.

7.5. MODE D'EMPLOI DES PRÉSENTATIONS

Tous ces modes de présentation ne sont pas interchangeables ; ils ont leur pertinence et procèdent de logiques et de conceptions de la culture d'entreprise différentes.

Une entreprise qui entreprend un audit doit donc distinguer entre l'opérationnalité de chacune de ces présentations afin de ne pas troubler les membres de l'organisation avec des notions qui ne recouvrent pas toujours la même réalité et de ne pas noyer le résultat de son enquête.

MODE DE PRÉSENTATION	UTILISATION
Typologie d'entreprises	— permet à l'entreprise de relativiser certains de ses modes de fonctionnement ; — incite l'entreprise à analyser et comprendre ses façons de faire ; — si l'on sait présenter les traits de l'entreprise selon cette grille, on l'utilisera plutôt au démarrage de l'opération dans une phase de sensibilisation.
Typologie de cultures	— elle permet de sensibiliser l'entreprise à la notion de culture ; — elle pousse les gens à se différencier ; — elle incite à la collecte d'informations pour confirmer et infirmer.
Phases d'évolution de la culture	— ce mode de présentation est utilisé quand l'entreprise travaille sur son histoire ; — il sert à relancer le travail du groupe de validation ; — il permet de construire des hypothèses provisoires.
Grille des hypothèses fondamentales	— c'est la véritable présentation des résultats de l'enquête de culture ; — c'est cette grille qui permettra à l'entreprise de trouver la logique de connection de ces différentes hypothèses ; — c'est le résultat du travail du consultant.

CHAPITRE 8

PEUT-ON CHANGER DE CULTURE ?

Le *« Prix de l'Excellence »* et la *« Théorie Z »* sont clairs :
— les entreprises qui réussissent ont une culture forte ;
— on peut dégager certains traits de cette culture idéale ;
— si vous voulez réussir, ayez cette culture.

Une entreprise pourrait donc changer de culture.

Quand ? Au moment où elle n'est plus efficace, qu'elle n'assure plus convenablement ses missions économiques ou son fonctionnement interne.

Beaucoup de théories — et d'interventions — se sont développées sur cette base pour donner une culture à l'entreprise, pour fédérer ses forces, mobiliser son personnel autour d'un projet, tisser les fils de l'excellence, etc.

A côté de cela, les ethnologues de l'entreprise, les sémiologues de l'organisation construisent une notion de culture liée à son patrimoine premier, aux messages et scénarios que les fondateurs ont imprimés ; cette notion relativement figée laisse plutôt penser que la culture ne peut que légèrement évoluer mais qu'en aucun cas, elle ne constitue, comme les procédures de travail par exemple, une matière modifiable à volonté.

Le débat est bien celui-là : peut-on changer la culture de l'entreprise, quelle est la nature des changements possibles et à quelles conditions peuvent-ils s'opérer ? Avant d'entamer cette réflexion, quelles questions méritent d'être posées :

— On peut faire évoluer sa culture si le problème est « culturel ». Robert Allen (1) en donne quelques critères :
  - Un problème culturel est chronique : ce n'est pas un événement exceptionnel mais une situation insatisfaisante permanente, durable ou proche d'autres dysfonctionnements répétés déjà observés.
  - Un problème culturel est largement répandu dans l'organisa-

(1) Allen (R.F.), *Four Phases for Bringing About Cultural Change*, in « *Gaining the Control of the Corporate Culture* », *op. cit.*

tion : il touche plusieurs de ses fonctions ou de ses unités ; il relève de l'organisation dans son ensemble et non pas d'une de ses composantes.
- Un problème culturel a résisté à des tentatives de résolution ; c'est-à-dire que l'on a déjà essayé de résoudre le problème à l'aide d'autres techniques de résolution.

— Si la culture peut changer, se changer, il faut connaître l'allure de ce changement. Y a-t-il des révolutions culturelles ou simplement des évolutions ? Faut-il attendre d'être à la limite du possible pour modifier sa culture dans le souci de survivre ou peut-on gérer l'évolution culturelle de l'entreprise ?

— Si le changement de culture existe, il faut savoir ce qui change. Nous avons mis en valeur la variété d'approches de la culture et sa diversité de contenu. Pour certains, le changement de culture est une modification de ses signes ; pour d'autres, c'est de passer à une phase ultérieure du processus de développement de l'entreprise, de changer de normes de fonctionnement, de modifier ses hypothèses fondamentales, voire d'intégrer de nouveaux patrons.

— Si on veut changer la culture c'est pour atteindre la culture idéale. Trois de ces caractéristiques semblent prédominantes (même si elles ressemblent aux conditions mêmes de fonctionnement et d'existence d'une entreprise) :
- Dans cette organisation doit exister chez ses membres un fort sentiment d'équité. Pour vivre et fonctionner dans n'importe quelle collectivité, on a besoin de sentir une correspondance entre ce que chacun apporte et retire de sa participation à l'organisation.
- Dans cette organisation, chacun doit percevoir l'œuvre commune qui constitue la mission de l'organisation, et se situer par rapport à elle.
- Dans cette organisation enfin, on doit savoir apprécier son patrimoine collectif accumulé tout au long de l'histoire afin d'être toujours adapté aux situations qui se présentent.

8.1. CHANGER OU NE PAS CHANGER LA CULTURE

L'audit de culture doit avoir comme objectif final d'apporter à l'entreprise une meilleure efficacité. *« Le Prix de l'Excellence »* suppose qu'une culture forte est un facteur de succès mais beaucoup d'entreprises ont fait l'amère expérience d'une culture forte, très prégnante sur les comportements de l'entreprise, qui les a inexorablement conduits à l'échec : plus qu'une culture forte, c'est d'une culture « bonne » dont l'entreprise a besoin. C'est dans ce sens qu'il faut examiner les possibilités de changement.

Examinons trois points :

— N'est-ce pas contradictoire de dire que l'on peut changer la culture, si la culture est le produit d'une longue histoire et du patrimoine social, relationnel, expérientiel accumulé par l'entreprise.
— De quoi parle-t-on quand on change la culture d'une entreprise ?
— Dans les démarches les plus sérieuses qui s'attachent à faire évoluer la culture de l'entreprise, quelles sont les phases et les principes les plus souvent répétés ?

A. LE PARADOXE DE LA CULTURE ET DU CHANGEMENT

La culture est un ensemble d'hypothèses fondamentales qui structurent l'ensemble des comportements de gestion dans l'entreprise ; c'est le fruit d'une longue expérience, le résultat d'un long processus d'apprentissage : il serait donc présomptueux d'imaginer la changer ou lui imprimer une direction donnée.

On ne peut pas dire qu'au-delà des signes, des symboles, des comportements individuels existent des logiques d'action profondément ancrées dans le « subconscient » de l'entreprise et promouvoir des méthodes plus ou moins fiables de transformation de cette culture.

La culture représente également un certain nombre de postulats, valeurs, principes que chacun dans l'entreprise considère comme « allant de soi ». Changer de culture revient à se détacher d'un ensemble de référents profondément intégrés. C'est une tendance humaine fondamentale de s'attacher à une façon de voir sa vie et son univers quotidien : les difficultés du changement sont à cette mesure.

La culture, enfin, s'est construite en apportant, tout au long de l'histoire, des solutions et des modes d'approche appropriés aux nombreux défis qu'a rencontrés l'entreprise. Ces défis ont été relevés et beaucoup des traits de la culture s'associent naturellement à la réussite du passé, à des époques glorieuses dont la brillance s'accroît d'ailleurs avec le temps : il n'est pas facile de revenir sur ce qui a réussi...

Cette volonté de changement de culture n'est pas plus cohérente avec les approches stratégiques qui incitent à affiner au mieux le diagnostic interne pour coller aux caractéristiques profondes du métier et des valeurs de l'entreprise ; dans ces démarches, l'idée de base est plus d'exploiter des forces existantes que d'en changer. Comme le montrent quelques exemples de la *Théorie Z,* des entreprises ayant des cultures différentes ne réussiront pas nécessairement sur les mêmes marchés quels que soient les espoirs « objectifs » de ces marchés : autrement dit la culture n'empêche pas de changer d'activité mais réduit le champ des diversifications possibles. La problématique est bien de déceler ce champ des évolutions possibles en fonction de sa culture plutôt que de la changer.

B. VARIATIONS AUTOUR DU CHANGEMENT DE CULTURE

Des approches très diverses partagent le même objectif de changement de culture.

Un article américain récent raconte l'expérience suivante. Une enquête est réalisée auprès du personnel d'une entreprise pour recenser les perceptions de celui-ci sur un certain nombre de questions de management et de gestion de l'entreprise. Les réponses sont analysées dans une perspective de culture : on rapporte quels sont les modes de pensée du personnel. Le directeur de l'entreprise lance ensuite une grande campagne d'information autour de ce que doit être le projet de l'entreprise, ses valeurs, ses principes d'action. Tous les moyens de communication sont utilisés : information directe, réunions de personnel, voire formation. Six mois plus tard, la même enquête est réalisée ; les résultats sont analysés et font apparaître une très nette modification des perceptions, cohérente avec les messages envoyés par la direction générale. Quelles sont les conclusions de l'enquête ? Modification des perceptions des salariés ou changement de culture ?

L'enquête a été menée suffisamment sérieusement pour que l'on ne mette pas en cause ses résultats ; on peut cependant s'interroger sur la nature du changement intervenu. C'est un changement de perception apparent, correspondant au niveau « APPRENDRE » d'une échelle d'apprentissage, éventuellement au niveau « COMPRENDRE ». Il serait remarquable que le troisième niveau d'intégration dans les comportements soit atteint, ou cela défierait toutes les lois de l'information et de la communication : chacun sait en effet dans les entreprises que la diffusion des messages stratégiques est bien lente. Récemment un responsable de formation d'une grande entreprise engagée dans de nombreuses expériences d'amélioration de la qualité et de changement technologique rapportait que dans les ateliers, on fonctionnait encore sur les messages diffusés il y a 6 ans lors de la grande période de la réduction des coûts...

A propos du changement de culture, on pense aussi au changement de ses signes :

— Changement de logo qui exprime la politique nouvelle et une autre conception de l'entreprise : l'exemple de la modification du logo de Rhône-Poulenc est très intéressante à ce niveau.
— Changement de charte quand la direction générale en propose une nouvelle : une entreprise de restauration collective établissait récemment au niveau de sa direction générale un projet

qu'elle diffusait ensuite à l'ensemble de ses restaurants pour informer de ce changement de conception de l'entreprise.

— Mise en place de nouveaux rites de récompense des vendeurs, des employés, etc. Célébration de réussites commerciales, de lancements de produits.
— Arrêt ou lancement d'activités très chargées de sens : c'est l'utilisation du sponsoring par exemple comme moyen de dynamisation interne.
— Campagnes de publicité institutionnelle : c'est la démarche de Renault qui lance une publicité rétrospective sur ses produits.

Le management symbolique commence aujourd'hui à apparaître : on y met l'accent sur le maniement des signes ; on en fait même un domaine du changement de culture :

— Personne ne nie aujourd'hui l'importance de la communication pour l'entreprise. C'est une communication globale qui s'adresse aussi bien au consommateur qu'au salarié ou à l'actionnaire ; elle nécessite une cohérence de messages mais aussi un fondement sûr de ceux-ci (cf. *supra*). L'utilisation de ces signes doit donc être comprise comme un mode de communication vis-à-vis du personnel et de l'environnement.
— Un symbole n'existe que pour représenter, résumer, évoquer, communiquer quelque chose. On peut gérer les symboles, encore faut-il avoir quelque chose... à symboliser. Ce « quelque chose » est extrait des traits les plus fondamentaux de la culture de l'entreprise pour que ce symbole puisse fonctionner et que chacun le reconnaisse comme tel.

Un exemple de management symbolique difficile : une entreprise était confrontée à un problème classique de structure ; un changement de marché et de niveau d'activité l'obligeait à revoir l'ensemble des compétences et responsabilités des fonctions de l'entreprise. Les modifications sont intervenues de manière très autoritaire et cette façon de faire a beaucoup plus choqué l'encadrement que le contenu même des nouvelles fonctions. Au même moment la direction lançait, indépendamment, un programme d'expression des salariés qui tentait d'utiliser au mieux les opportunités de la loi pour améliorer le rôle de l'encadrement et renforcer les liens entre les niveaux hiérarchiques. Cette opération n'a absolument pas fonctionné parce qu'elle représentait aux yeux des cadres supérieurs une démarche contradictoire avec le problème qu'ils vivaient au niveau structurel. Cette opération d'expression des salariés prenait l'allure d'un symbole perçu comme incohérent avec les autres modalités du fonctionnement de l'entreprise.

Le changement de culture s'assimile parfois au changement de phase de développement par l'entreprise. L'association de la culture à une phase de développement historique identifie les changements opérationnels et structurels qui en découlent à un changement culturel.

E. Schein propose trois phases principales du développement de l'organisation. Pour chacune d'elles il précise les enjeux économiques de l'entreprise, la fonction de la culture mais aussi les moyens de la faire évoluer (voir *infra*). En aucun cas il ne décrit des traits idéaux de cette culture selon les périodes. En phase de création, la culture concrétise les compétences spécifiques de l'entreprise et constitue les bases de l'implication de chacun. Dans une phase ultérieure, elle permet de fédérer les sous-cultures qui se forment, de constituer une référence ; dans une phase de maturité elle peut constituer un frein à des changements nécessaires dans l'entreprise.

A relier, comme l'ont fait certaines études, la culture à un stade historique, on peut croire que la culture change toute seule ou qu'il faut accélérer le mouvement dans la direction inéluctable de l'évolution. Cet espoir serait vain :

— c'est un rôle de la culture plutôt qu'un contenu qui s'attache à chaque époque de l'entreprise ;
— ce schéma s'avère utile quand on peut distinguer entre ces époques. Le problème est ici plus ardu encore que pour les cycles de vie des produits : il est bien difficile de situer des frontières entre les stades.

Troisième façon de comprendre le changement de culture : l'action sur les hommes. Pour changer de culture il faut changer d'hommes. La reprise d'une entreprise ou la crise dans un service se soldent souvent par le changement des hommes en place. Il existe même des organisations où c'est le mode habituel de résolution de problèmes d'organisation ou de structure.

Cette action sur les hommes consiste aussi à les initier à d'autres normes, d'autres valeurs. Malheureusement, on maîtrise mal les données de cet apprentissage de normes ; et faut-il encore savoir quelles normes diffuser.

Quatrième façon de comprendre le changement de culture : la référence à une culture idéale. Des ouvrages comme la *« Théorie Z »* ou *« Le Prix de l'Excellence »* rassemblent des caractéristiques communes aux entreprises qui réussissent en indiquant qu'elles ont des cultures fortes. Il doit donc exister une culture idéale. On peut certes extrapoler les facteurs de l'excellence et leur affubler la marque de culture : cela ne correspondrait pas vraiment à ce qu'en disent les auteurs pour lesquels la culture forte est un des facteurs de succès parmi d'autres.

Wilkins et Patterson (2) donnent trois caractéristiques de la culture idéale :

---

(2)Wilkins (A.L.), Patterson (K.J.), *You Can't Get there from here : what will*

□ ÉQUITÉ

Toute organisation doit fonctionner selon un principe d'équité. Cela veut dire deux choses. Premièrement chacun doit sentir une correspondance entre ce qu'il investit personnellement dans l'entreprise et ce qu'il en retire. Ces notions d'investissement et de gain ne s'entendent évidemment pas seulement en termes financiers.

Deuxièmement, chacun doit sentir une correspondance ou une compatibilité entre le système de valeurs de l'entreprise et le sien propre.

□ ŒUVRE COMMUNE

Voilà un bien grand mot : on veut signifier par là que chacun doit pouvoir situer l'activité et les missions de l'ensemble de l'entreprise et situer la sienne propre dans cet ensemble.

□ ADAPTATION

Une culture idéale saurait utiliser l'ensemble de ses compétences collectives à de nouvelles situations ; cette culture est donc aussi un formidable patrimoine de capacités d'action collective et d'expérience de groupe.

Cette définition de la culture idéale appelle deux remarques :

— Peut-être pourrait-on appeler tout simplement « entreprise » ce que certains appellent « culture idéale ». L'équité, l'appartenance à une mission commune et la capacité d'adaptation sont des conditions inhérentes au bon fonctionnement de toute organisation. Si le concept de culture sert à le rappeler, voilà déjà un grand pas.
— Ces caractères correspondent moins à la définition de la culture idéale qu'aux fonctions que celle-ci doit assurer : équité, appartenance à une œuvre commune et adaptation aux situations nouvelles. C'est une grille incitant à étudier comment procèdent ces mécanismes d'équité et d'adaptation ; c'est une aide pour l'entreprise afin de développer ces sentiments parmi son personnel mais là encore se posera à elle le problème de savoir sur quoi fonder l'équité, comment définir l'œuvre commune et assurer l'adaptation permanente.

Les données du problème de changement :

1 — Le fond ou la surface

Changer les signes, c'est avoir préalablement déterminé ce qu'ils devaient signifier ; changer de stade de développement de l'entreprise, c'est changer la fonction de la culture mais pas son contenu ;

---

make culture-change projects fail, in *« Gaining the control of the corporate culture », op. cit.*

changer les hommes, c'est ambitieux mais encore faut-il savoir dans quelle direction ; quant à la culture idéale, nous ne sommes pas certains qu'elle existe.

Bien souvent, ce qui est appelé changement de culture n'est que l'étape ultime d'un processus plus long dont les premiers pas ne nous sont pas livrés, s'ils existent. Ces quatre modes de changement sont des guides, voire des moyens de changement quand le principal est connu, à savoir les traits de la culture existante, la marge d'évolution de celle-ci et d'éventuels objectifs d'évolution.

2 — Apprentissage

Toutes les actions de changement décrites ci-dessus font l'économie du contenu et de la durée de tout processus d'apprentissage.

Celui-ci comprend pourtant trois stades :

APPRENDRE : capacité à enregistrer et à retenir pour pouvoir répéter. Premier stade, il est formateur de la mémoire, il est constitutif de réserves qui seront éventuellement utilisées plus tard.

COMPRENDRE : capacité à relier les informations entre elles. C'est le mécanisme intellectuel de base.

INTÉGRER : capacité à faire passer dans ses propres comportements ce qui est acquis. Stade ultime, c'est le plus lent à atteindre.

Toutes ces expériences ou propositions de changement sont destinées à faire évoluer les comportements dans la mesure où des messages ont été intégrés. On ne voit pas bien comment peut s'assurer ce processus lent d'intégration des messages sous forme de comportements opérants. Nous citons volontairement ce terme qui ressortit des approches behavioristes car nous doutons de leur pertinence dans ce domaine.

C. PEUT-ON CHANGER LA CULTURE ?

Les démarches réussies en matière de culture possèdent plusieurs traits communs. Après les avoir présentés, nous préciserons quelques-uns des conditions et principes de toute intervention autour ou sur la culture.

Les traits caractéristiques :

— ce sont des interventions longues ;
— ce sont des interventions rigoureusement programmés en phases ;
— ce sont des opérations conjointes entre consultant et entreprise ;
— les résultats attendus ne sont pas forcément exprimés en termes de changement de culture ;
— ces interventions procurent à l'entreprise des résultats sous forme de description de sa culture, de voies d'évolution, de moyens de changement, de plans d'action.

CONDITIONS D'UNE INTERVENTION

1 — L'entreprise cliente est sensibilisée à cette approche culturelle de l'entreprise : elle sait ce qu'elle peut en attendre, elle est sensible à la diversité des programmes d'action qui peuvent en découler.

2 — Toute intervention se fonde sur une enquête à propos de la culture existante (par exemple l'enquête que nous décrivons dans la partie 2 de cet ouvrage).

3 — Tout programme d'intervention doit disposer de la durée pour aboutir à des résultats allant au-delà de la sensibilisation à l'approche culturelle.

4 — Toute intervention ne peut partir de l'*a priori* qu'il faut changer la culture, il peut être nécessaire simplement de travailler sur les points forts de la culture existante.

SELON QUELS PRINCIPES INTERVENIR

1 — Il existe une culture.
C'est le principe de départ. Il faut la connaître et construire un plan d'action à partir des traits de la culture et des impératifs qui pèsent sur l'entreprise. Ce plan d'action s'attachera à accentuer des traits actuels, à développer des plans d'affirmation de ces valeurs, voire, simplement un plan de sensibilisation à l'approche de culture.

2 — Il faut impliquer le plus de gens sur cette approche.
Comme dans toute démarche sur une organisation, le critère premier de succès concerne l'implication et la participation de la direction générale dans l'opération. C'est encore plus vrai pour une approche qui utilise une notion autour de laquelle on construit les plus diverses théories et les espoirs les plus ambitieux.

3 — L'intervention concerne l'individu et la culture.
Ce n'est pas forcément la culture qu'il faut changer. La sensibilisation des personnes à cette approche est tout autant un facteur de changement, comme l'affirmation des valeurs réelles ou l'abandon de pratiques qui ne sont pas cohérentes avec ces mêmes valeurs.

4 — C'est une intervention orientée vers l'action.
Un plan d'action doit découler d'une approche culturelle ; nous en avons donné quelques exemples dans le paragraphe précédent. Plus qu'une issue de l'intervention, c'est un principe permanent, même pour l'enquête : chacune des phases doit donner des résultats opérationnels.

5 — Une démarche positive.
Toute intervention à propos de la culture doit être menée dans un esprit positif : l'entreprise a une culture qui lui a permis

de se développer et de trouver un mode de fonctionnement selon des logiques opérationnelles : c'est un capital qu'il faut chercher à valoriser plutôt qu'à changer *a priori.*

8.2. LES FACTEURS DE CHANGEMENT DE LA CULTURE

Deux facteurs semblent provoquer le changement de la culture :

— Le premier concerne les chefs, dirigeants patrons — aucun de ces termes ne recouvre exactement ce que les Américains appellent les leaders. Pour Schein (3), les leaders sont les seuls véritables créateurs de culture dans une entreprise.

— Le second facteur est le poids des événements, des forces de l'environnement et du marché qui mettent l'entreprise, par exemple, dans une situation de survie. Très souvent, des changements culturels profonds s'opèrent à ce moment-là.

Dans cette approche du changement culturel, le consultant ne travaille pas réellement à la transformation de la culture mais il est conscient du poids de certains événements ou personnages sur l'évolution de celle-ci ; son intervention consiste plus à accompagner, faciliter, un changement qui *peut* s'opérer.

Wilkins et Patterson (4) décrivent cette approche en utilisant la métaphore du pépiniériste qui ne fait pas pousser un arbre, ne lui donne pas l'énergie, ne contraint pas son développement comme il le désire : son activité est de canaliser l'énergie existante pour le faire pousser au mieux dans les conditions et la direction qui s'avèrent possibles. Son rôle est aussi de distinguer les potentialités de la situation (c'est l'audit qui met en évidence les traits de la culture), puis de capter les énergies existantes (sensibiliser les gens) et enfin de renforcer par des tuteurs la marche dans la bonne direction (c'est mener des actions de soutien de l'entreprise pour qu'elle utilise ses forces culturelles dans une direction efficace).

A. LE RÔLE DES LEADERS DANS LE CHANGEMENT DE CULTURE

Les leaders sont les acteurs majeurs du changement de la culture (Schein).

A la *création* de l'entreprise, le leader, naturellement, transpose ses propres hypothèses de base sur l'organisation qu'il crée. Il va

(3) Schein (E.H.), *op. cit.*
(4) Wilkins-Patterson, *op. cit.*

tout à la fois insuffler une certaine vision de l'activité et du projet de la nouvelle entreprise mais il doit aussi assurer la stabilité de la jeune organisation et la sécuriser autour d'un équilibre social et émotionnel. L'entreprise n'est pas forcément à l'image du leader ; il ne faudrait pas simplifier ce mécanisme de création et faire des comparaisons hâtives entre un corps social et une personne. La problématique du rôle du leader est plus complexe : c'est lui qui impulse des réactions, des façons de voir et de faire, des modes de réduction de l'anxiété et de l'incertitude.

En phase de développement, la culture prend un rôle plus actif : elle fonde les modes de fonctionnement, de politiques et de décisions. Le leader doit vérifier en permanence que les caractéristiques de la culture correspondent bien aux besoins de l'entreprise et qu'elles ne la mettent pas en danger face aux problèmes d'adaptation qu'elle peut rencontrer.

A ce stade, précise Schein, le leader doit tester dans quelle mesure la culture peut aider ou empêcher l'organisation de remplir sa mission ; dans ce dernier cas, il doit être capable d'utiliser ses capacités à provoquer les changements nécessaires.

Les préoccupations culturelles rejoignent là le problème de très nombreuses entreprises, familiales ou non, qui décèlent difficilement les capacités nécessaires à un directeur général du fait que le conseil d'administration fonctionne encore selon les principes des fondateurs.

Le leader est ici un observateur de la culture, chargé de l'exploiter, d'utiliser ses points forts, de prévenir des incohérences du fait des pressions de l'environnement ou de dérives par rapport aux hypothèses fondamentales.

En phase de maturité, la culture joue son plein rôle. Les problèmes se posent s'il s'avère qu'elle n'a pas permis à l'entreprise de faire face aux défis de son environnement et de son organisation. Le leader doit alors faire preuve de force psychologique, de motivation et d'une très grande conscience de ce qui se passe dans l'organisation pour jouer son rôle moteur dans l'évolution de la culture. Le leader proposera de nouvelles directions et, surtout, d'implication et de sécurisation des membres. C'est le paradoxe du rôle de « manager de la culture » que tient le leader : il doit impulser mais aussi sécuriser durant ce changement.

Ces trois phases représentent trois rôles du leader :

— création ou re-création : il forge réellement la culture en lui imprimant sa marque ;
— consolidation : il la confronte à la réalité du développement de l'entreprise ; des virages sont encore possibles ; pour prendre la métaphore de la conduite automobile, le conducteur peut encore faire changer de cap rapidement à la culture : il y a équilibre de forces entre le poids du leader sur son équipe et celui de la culture ;

— maturité : le poids de la culture est devenu trop grand ; le conducteur ne peut négocier que finement ses virages étant donné la vitesse ; le poids de la culture devient énorme vis-à-vis de celui du leader.

Les interventions possibles sont de deux ordres :

— aider le leader à repérer les caractères de sa situation ;
— définir le contenu du programme d'action adapté au souci du leader de « gérer » la culture de son entreprise.

B. LE POIDS DES ÉVÉNEMENTS

1 — FUSIONS, ABSORPTIONS, RAPPROCHEMENTS...

L'ensemble de ces événements constituent des faits majeurs dans la vie d'une entreprise. Ils sont marqués par trois types de préoccupations :

— l'intérêt financier pour une partie au moins qui joue ce rapprochement ;
— la capacité stratégique pour réussir la synergie des forces dans une stratégie nouvelle ;
— la capacité à assumer le choc des cultures qui doivent se fondre aussi vite que se signent les nouveaux statuts.

La fusion des deux cultures est souvent mythique ; au mieux les deux doivent changer et assurer un compromis, au pire, l'une seulement doit s'adapter. Gordon Walter (5) distingue entre plusieurs de ces rapprochements :

— L'intégration verticale de deux entreprises intervenant en amont ou aval l'une de l'autre se traduit généralement par une augmentation du conservatisme, un fort accent sur le contrôle des coûts, la diminution de l'autonomie. Cette acquisition « parentale » se justifie souvent par une rationalisation économique qui s'accompagne de plus de bureaucratie.
— L'intégration horizontale d'entreprises intervenant sur les mêmes produits ou marchés permet de supprimer des redondances dans la réalisation de l'activité des deux unités. L'unicité des modes d'approche se fait rapidement sentir et l'acquéreur impose généralement les siennes : il y a un glissement vers les valeurs culturelles de l'acquéreur.
— Les acquisitions concentriques concernent des entreprises qui utilisent des technologies similaires de production ou de distribution sans rapprochement obligatoire des moyens de produc-

(5) Walter (G.A.), *Culture collisions in mergers and acquisitions*, in *« Organizational Culture »*, Sage Publ., 1985.

tion. L'acquéreur imposera les valeurs-clés concernant ses compétences propres.

— L'acquisition à des fins conglomérales d'entreprises sans aucun des liens que nous avons relevés ne s'accompagne pas d'une attraction vers la culture de l'acquéreur mais les relations nouvelles entre le conglomérat et l'entreprise sont fortement marquées par des préoccupations financières ; les valeurs de rationalisation du fonctionnement vont s'imposer pour servir les objectifs du conglomérat lors du rachat.

Ce panorama met en valeur les deux types de changements de culture inhérents aux rapprochements d'entreprises :

— Une attraction de l'entreprise acquise par l'entreprise qui acquiert : l'acquéreur veut étendre la zone d'influence de ses propres valeurs.

— Un développement de certaines valeurs, ou modes de penser et de traiter les problèmes de gestion qui correspondent aux objectifs de l'acquéreur.

• *Exemple 1*

Une entreprise de 200 personnes fabriquant des pièces spéciales pour l'industrie du pétrole ne travaille qu'à la commande. Elle a acquis dans ce domaine une très grande compétence et rassemble de fortes qualifications. Elle se situe dans une zone rurale avec du personnel local qui a toujours travaillé dans l'usine. Dans toute son histoire, l'entreprise a toujours mis en avant la qualité de ses pièces, sa capacité à rendre un service très particulier. Bien sûr ses prix étaient traditionnellement élevés par rapport à la concurrence. Appartenant à un groupe étranger dont elle était la seule unité dans la région, elle est reprise par un grand groupe français à la suite de graves difficultés. Elle n'a qu'un seul objectif à deux ans exprimé en terme de taux de frais indirects de production/frais directs.

En effet, en travaillant à la commande, elle ne maîtrisait pas assez les frais indirects d'étude, de mise au point, de méthode par rapport aux frais directs de matière et de main-d'œuvre. En deux ans, elle devait atteindre le ratio que son repreneur estimait raisonnable.

Ce ratio ne constituait pas simplement un objectif de travail, mais un symbole de ce que l'entreprise devait devenir pour survivre. Toutes les réunions, décisions, informations étaient centrées sur la réalisation de cet objectif : c'est l'ensemble du fonctionnement de l'entreprise qui s'est forgé autour de ce slogan. La nouvelle culture ne s'assimilait pas au ratio de gestion prescrit mais elle changeait autour, à cause, et en fonction de ce traumatisme.

• *Exemple 2*

Le choc culturel peut se traduire par un compromis culturel plutôt qu'une attraction irréversible vers des valeurs liées aux objectifs économiques de l'acquéreur comme dans le cas précédent.

Technal, l'aluminier français, nous dit J. Igalens (6), devient une filiale à 100 % d'une multinationale nord-américaine. Dans une entreprise construite autour de quelques thèmes mobilisateurs — être les premiers, avoir une part de marché — les « Technal » étaient des pionniers, capables de se mobiliser autour du fondateur et farouchement convaincus d'être les meilleurs. Le rapprochement avec Alcan se fait dans l'économie suivante : Alcan a besoin de la capacité-marketing de Technal et celle-ci ressent le besoin de rationaliser ses systèmes de gestion à un moment où le problème de la succession du fondateur va se poser.

J. Igalens raconte la confrontation entre ces deux cultures, charismatique et entièrement tournée vers la performance commerciale d'un côté ; plus bureaucratique de l'autre avec un fort accent mis sur le produit mais aussi une grande tolérance. Le rapprochement se produit en créant une sorte de compromis entre les cultures. Des blocages apparaissent quand certaines procédures plus bureaucratiques se mettent en place comme le reporting et l'idée émerge d'un futur cadre Alcan qui ressemble fort au cadre Technal d'aujourd'hui.

Selon les promoteurs de ce rapprochement, le choc des valeurs est donc jouable pour deux raisons essentielles :

— D'une part les valeurs des deux entreprises ne sont pas complètement incompatibles ; il existe des points d'union possibles.
— L'entreprise acquise se trouve dans une position où elle peut apporter énormément à l'acquéreur, d'autant plus qu'elle conserve une autonomie de marque, de dirigeants, de notoriété et de compétences qui lui permettent de jouer cette carte. Selon J. Igalens, une des clés du futur réside dans la capacité de Technal à développer une activité internationale autonome qui raffermira son poids vis-à-vis du groupe.

2 — Les catastrophes

Toute entreprise vit dans son histoire des moments difficiles qui remettent en cause son existence même ou du moins sa capacité à réaliser convenablement sa mission. Ces événements provoquent parfois des changements culturels importants, bien imprévisibles avant l'occurrence de la catastrophe.

Nous connaissons deux catégories d'exemples :

— Des entreprises en difficulté, dont les résultats empirent inexorablement ; chacun sait que leur gestion, leurs produits ou méthodes de travail ne sont plus adaptées ; il faut changer sinon

(6) Igalens (J.), *Le mariage de la P.M.E. toulousaine et de la multinationale,* R.F.G., n° 47-48.

c'est la catastrophe : on ne change pas et la catastrophe survient.

— D'autres entreprises, dans les mêmes circonstances, changent dans une direction difficilement prévisible étant donné leurs caractéristiques et rigidités antérieures.

L'industrie américaine en a donné des exemples avec le célèbre changement d'A.T.T. lors de la déréglementation. Dans ces situations, la culture est au centre du problème : la culture existante ne permet plus à l'entreprise de remplir ses missions et elle devra changer très rapidement.

Dans notre problématique, cette situation remet en cause deux idées fortes, valables en période de stabilité :

— la culture *aide* le choix stratégique,
— la culture ne peut évoluer que lentement.

Ces situations ont trois caractères :

1 — Elles génèrent une très forte anxiété auprès de l'ensemble des salariés de l'entreprise, voire de la région. Ce sont des considérations immédiates d'emploi, de rémunération, d'avenir personnel mais aussi de remise en cause d'un groupe social qui a été une partie de son propre équilibre personnel ; c'est le risque de voir s'achever une période importante de sa propre expérience.
Elles révèlent également que les fondements de l'activité collective sur lesquels l'entreprise avait vécu et s'était développée, ne sont plus opérationnels. Soit c'est la culture qui ne permet plus à l'entreprise de résoudre ses problèmes, soit on n'y distingue pas les traits qui faciliteraient cette adaptation.

Cette distinction rappelle l'exemple de A.T.T. que nous citions plus haut. Face aux défis que lui posaient la déréglementation et l'évolution de l'industrie de la télécommunication, elle a retrouvé dans ses valeurs profondes cette capacité de relever les challenges, d'être pionnier dans un nouveau mode de communication pour pouvoir fonder sa stratégie de redéploiement. Ceci ne s'imposait pas puisqu'elle apparaissait surtout comme un service public très bureaucratisé. Toute action future sera facilitée si l'on peut en relier les modalités à un trait profond de la culture.

2 — Dans ces situations, doivent s'affirmer des leaders forts. En effet, l'entreprise a besoin de deux facteurs-clés de succès dans de telles conditions :
— entrevoir l'existence et la possibilité d'un projet, d'une direction qui balise son avenir ;
— se sécuriser sur ses potentialités et sa capacité à relever les défis auxquels elle se confronte.
Toutes les expériences de re-naissance réussie font toujours apparaître l'existence d'un leader : c'est un des piliers de l'organisation qui ne pouvait pas s'exprimer dans les condi-

tions passées de l'entreprise ; c'est celui qui défendait des opinions opposées à celles qui sont maintenant associées à l'échec ; c'est le plus souvent quelqu'un qui vient de l'extérieur, précédé par la rumeur.

L'industrie nous fournit quelques exemples médiatiques de ces pompiers volant d'une entreprise à l'autre, dont la notoriété cherche à réduire l'anxiété des membres de l'entreprise acquise et dont la pratique de gestion laisse espérer un projet pour l'avenir.

M. Besse arrive chez Renault alors qu'on désignait traditionnellement à ce poste des hommes du sérail, ayant fait leur carrière dans l'automobile ; or M. Besse arrive de chez Péchiney précédé d'une très forte réputation. Peu connu du grand public, la rumeur et l'image donnée au personnage apparaissent à tous comme les signes avant-coureurs de ce qui se passera dans l'entreprise.

Autre exemple dans la filiale française d'un groupe étranger, fortement handicapée par une lourde administration et un mode de distribution des produits insuffisamment efficace : chacun ressent la nécessité de faire évoluer l'ensemble du fonctionnement : on annonce l'arrivée d'un nouveau P.-D.G., venant d'une autre filiale du groupe ; trois mois avant son arrivée, la situation psychologique est complètement changée. Chacun attend des mesures draconiennes, des changements profonds sans aucun signe objectif pour fonder ces craintes. Aucun message du nouveau président n'intervient, mais une transformation profonde des sentiments du groupe s'opère d'elle-même ; c'est sans doute le début d'un grand changement de la culture du groupe au-delà de cette attente insécure de messages nouveaux.

Dans ces quelques illustrations, nous abordons un aspect très fort de l'évolution de la culture d'entreprise : les leaders ne sont en mesure de la gérer que s'ils assurent à l'entreprise la sécurité d'une organisation qui remplit ses missions tout en agissant dans le sens d'un projet. Ces deux conditions prennent un tour dramatique en cas de difficultés économiques. Étant donné les attentes de sécurité et de projet, la rumeur ne demande qu'à s'installer sur les mérites ou défauts prévus de nouveaux leaders. Ceux-ci, en tout cas, ont à maîtriser la zone d'incertitude qui s'est constituée dans cette organisation en situation d'attente. Cela précise leur rôle et leur fonction mais ne les facilite pas forcément.

3 — Le leader doit agir.
Il se trouve dans une situation de double contrainte : il doit satisfaire à une attente impatiente de la part de l'organisation ; et aussi comprendre suffisamment la situation sur ses plans économique et culturel pour proposer des directions valables. Le fond de son action sera un traitement de longue durée : toute intervention sur des milieux sociaux est forcément longue et rigoureuse.

Ainsi, notre nouveau leader est parfois tenté d'utiliser les « antibiotiques » qui ont l'avantage premier de créer des effets et de montrer que l'on se soigne. Ces électrochocs sont d'autant plus forts que la situation est dramatique : ils ont un impact opérationnel — comme l'arrêt d'une activité — mais surtout symbolique : c'est plus le symbole de l'arrêt d'une activité fameuse que l'économie réalisée qui importe.

Avec cette notion d'électrochoc, on retrouve le concept de management symbolique sur lequel on fait beaucoup de contresens. On ne dirige pas avec des signes ; on se sert éventuellement des symboles car ils représentent, résument, concrétisent, communiquent une stratégie, une philosophie, un projet global de l'entreprise. Autrement dit, ces électrochocs peuvent servir à communiquer les nouvelles orientations du projet : ils instituent le leader dans sa fonction et indiquent la voie ; c'est un des passages obligés du changement de culture quand la pression des événements y contraint l'entreprise.

3 — Les principaux « événements-moteurs »

En spécifiant les outils du leader — utilisation de la rumeur ou de l'électrochoc — nous définissons des outils qu'utilisera le leader mais ce n'est pas la direction du changement, ni son contenu. Le management symbolique a des prérequis. Le principal concerne la réalisation d'un véritable audit de la culture existante, d'un « bilan culturel ».

Si nous reprenons les trois grandes étapes historiques utilisées plus haut, le changement culturel peut se décliner :

- *Création et premiers développements*

Les facteurs d'évolution de la culture dans cette période sont liés au développement de l'entreprise qui construit petit à petit ses propres modes de résolution de problème. L'arrivée de personnes extérieures se traduit par un infléchissement des traits de la culture.

- *Période de plein développement*

Les évolutions de la culture se structureront autour de programmes rigoureusement planifiés de développement des organisations. Durant cette période, la culture évolue par petites touches, au gré des situations nouvelles de l'entreprise ou de ses inadaptations notoires.

- *Maturité*

Dans cette phase, on connaît — et on doit isoler — les traits de la culture qui demeurent pertinents et efficaces pour l'organisation. Toute perspective de changement ou d'évolution ne peut que s'extraire de la culture existante. En cas d'événements-catastrophes, le changement s'accompagnera de persuasion, d'effets-électrochocs. L'entreprise pourra re-naître, célébrer son redémarrage sur des bases de nom, d'image, de produits ou de structures différentes.

8.3. DES MODES D'ACTION PRIVILÉGIÉS

Le tableau suivant dresse la liste des actions possibles à partir des interventions d'audit de culture.

Objet de l'intervention	Actions à envisager	Moyens
METTRE EN ÉVIDENCE LA CULTURE EXISTANTE	— Sensibiliser le personnel à l'approche culturelle et aux traits dominants de la culture de l'entreprise. — Formalisation et diffusion des résultats ; rédaction d'une charte, réalisation de documents de présentation de l'entreprise. — Réduire les incohérences entre cette culture et certains modes de fonctionnement. — Approfondissement de certains rites.	Formation Rites Communication
FAIRE ÉVOLUER LA CULTURE	— Déterminer certains critères idéaux. — Évaluer les ''gaps'' entre culture existante et « besoins culturels ». — Structurer cette réflexion autour de projet d'entreprise avec le comité de direction. — Isoler des comportements ou procédures représentatives.	Travail de groupe Formation Formalisation
DIFFUSER LE CHANGEMENT	— Formaliser le projet. — Informer largement sur le contenu du projet. — Création ou accentuation de rites autour des comportements ou procédures les plus représentatifs des changements envisagés. — Adaptation du plan de formation. — Révision du plan de communication externe et interne. — Création d'un comité de suivi de la mise en œuvre du projet.	Communication Formation Rites

• *La culture existante*

Cette forme d'intervention concerne toutes les entreprises et, en particulier, celles qui ne sont pas acculées à des problèmes de survie. Elle conduit à deux résultats essentiels :

— la formalisation des traits dominants de la culture à développer ou accentuer ; l'entreprise pourra réduire des incohérences entre sa culture et son fonctionnement ;
— l'évolution des modes de raisonnement des cadres et de leur personnel en général sur l'entreprise et ses problèmes.

Certaines entreprises remettent leurs procédures sur le métier tous les trois ans à l'issue d'un audit minutieux ; il devrait en être de même pour la culture de l'entreprise.

• *Faire évoluer la culture*

Cette deuxième intervention s'impose si le problème rencontré est culturel (voir *supra*). L'action se mène à l'issue d'un audit préalable sur la culture existante. Elle consiste à déceler des écarts entre des caractéristiques culturelles et des valeurs ou comportements attendus pour satisfaire aux besoins de l'organisation.

L'évaluation des écarts s'opère avec la direction générale et le comité de direction. De cette action doivent découler des résultats concrets qui s'expriment le plus souvent sous forme d'un projet (voir *infra*).

D'autres résultats peuvent émerger : le développement d'actions prioritaires, la sensibilisation de groupes élargis afin de collecter avis et propositions de manière plus large. Cette extension constitue déjà un début du changement.

• *Diffuser le changement*

Cela peut prendre plusieurs formes :

— une formation pour faire passer l'idée du projet, en discuter le contenu, éventuellement remonter de l'information pour le moduler, attester de l'implication de la direction générale dans ce processus ;
— une information sur le projet : celui-ci peut figurer dans la presse d'entreprise, sur les murs, dans une lettre du président à l'ensemble du personnel, etc. ;
— des actions concrètes : mise en valeur de certains événements, établissement de rites, célébration d'activités nouvellement considérées comme importantes, rénovation de procédures, etc.

Beaucoup des moyens que nous avons évoqués dans ce tableau sont assez connus et pas propres à ces démarches d'action autour de la culture :

— les travaux de groupe font référence aux techniques de « team-building » ou de « problem-solving » que les démarches d'O.D. ont popularisées ;

— les problèmes de communication ne sont pas propres non plus à ce type d'actions.

Deux moyens seront plus développés : la formation et les rites.

A. LA FORMATION

Les intersections entre formation et préoccupations de culture sont multiples. Elles correspondent à autant d'objectifs différents :

A-1 — Sensibiliser

Cette formation est très fréquente. Son objectif est de sensibiliser — une direction et ses cadres généralement — à l'approche culturelle.

Les objectifs de l'entreprise peuvent être de trois ordres :

— fournir une information aux cadres sur une approche nouvelle des problèmes de management qui leur apporte d'autres modes de raisonnement sur l'entreprise ;

— inciter un groupe de cadres à participer à une enquête de culture ;

— montrer l'intérêt du projet d'entreprise et fournir les bases méthodologiques au groupe qui travaillera à son élaboration.

Le contenu de ces formations comprend généralement :

— une définition de la culture qui l'oppose à d'autres approches de l'entreprise ;

— une démonstration de ce qu'apporte la connaissance de la culture : au moyen de cas, voire d'expérience pratique d'une démarche ethnologique sur un autre groupe social ;

— les moyens de mettre en évidence les traits de la culture ;

— les utilisations possibles ;

— la recherche superficielle de quelques caractéristiques de la culture existante (à l'aide d'outils d'investigation rapide).

A-2 — Préparation a l'enquête de culture

L'entreprise a décidé d'engager une enquête de culture, un groupe est constitué pour y participer.

Les objectifs de la formation sont de :

— sensibiliser à l'approche et à ses exigences ;

— fournir des compétences méthodologiques aux membres du groupe afin qu'ils puissent mener l'enquête.

La formation se déroule en trois étapes :

— Apprentissage des grilles de lecture de la culture et des check-lists d'audit.

— Vérification de l'information et expression des besoins complémentaires.

— Construction et validation des hypothèses.

A-3 — RÉSOLUTION DE PROBLÈMES

a) Aborder un problème sous l'angle de la culture.

L'hypothèse de départ de ce type d'action est que la culture constitue un mode d'approche des problèmes de gestion.

Les objectifs sont donc :

— apporter un autre mode d'approche ;
— lever des situations bloquées parce qu'elles sont toujours appréhendées avec les mêmes techniques.

Le déroulement-type :

— sensibilisation à l'approche ;
— analyse du problème selon une grille croisée données du problème/culture d'entreprise ;
— construction d'un guide d'action permettant de mettre en valeur les facteurs culturels du problème.

Exemple d'une formation de ce type : séminaire organisé pour des chefs de produits et ingénieurs d'exploitation autour de la procédure de gestion et lancement de produit.

b) En cas d'événements exceptionnels.

Un exemple : un grand groupe avait eu à intégrer une nouvelle unité ; l'entreprise acheteuse voulait mettre toutes les chances de son côté pour réussir cette fusion.

Les objectifs sont :

— expliquer ce qui se déroule pour une organisation dans ce type de changements fondamentaux ;
— distinguer l'importance du choc culturel dans ces fusions.

Le déroulement :

— sensibilisation à l'approche culturelle ;
— mise en valeur des aspects culturels de la fusion et de l'enjeu du choc des cultures ; on apprend à relever les données du conflit et à définir des pistes de solution ;
— examen des autres données techniques pertinentes de ce rapprochement.

A-4 — FAIRE PASSER UN MESSAGE

L'entreprise a déjà mis en valeur les caractères de sa culture ; la formation est un moyen de les diffuser et de développer l'adhésion de tous. Les objectifs sont les suivants :

— révéler et éclairer les traits de la culture ;
— révéler les cohérences entre ces traits et le fonctionnement de l'entreprise ; déceler les incohérences ;
— faire adhérer.

Deux séries de circonstances :

a) *Le Projet d'Entreprise*

L'entreprise a mis au point son projet (voir *infra*). Elle veut le diffuser, le faire comprendre, l'intégrer petit à petit dans les références de chacun.

Le déroulement peut être le suivant :

— Présenter les traits de la culture comme référence du contenu du projet.
— Justifier ce projet en référence également à la situation de l'entreprise dans son environnement.
— Présenter les moyens de mettre en œuvre des actions cohérentes avec ce projet.
— Faire émerger des possibilités de cohérence nouvelles.

b) *Formations de routine*

L'entreprise fera évoluer ses formations habituelles en tenant compte des traits de sa culture. Dans ces formations nous comprenons :

— formation d'intégration des nouveaux ;
— formation au management ;
— séminaires d'information.

Les objectifs de ces formations sont :

— montrer les traits de la culture de l'entreprise ;
— permettre aux stagiaires de vérifier la cohérence entre celle-ci et le fonctionnement, les politiques et les décisions de l'entreprise ;
— recueillir les réactions à d'éventuelles incohérences.

B. L'ACTION SUR ET PAR LES RITES

En matière de culture d'entreprise, le concept de rites est très large. Ce sont, au sens strict, des activités organisées ayant des conséquences sur un plan de l'efficacité pratique mais aussi de la communication d'un sens. Au-delà de cette définition étroite, on fait souvent entrer dans cette catégorie les autres signes incorporés dans ces rites : symboles, langage, rituels, mythes, légendes, petites histoires, etc.

1-1 — Différents types de rites

DES RITES DE PASSAGE

Ils scandent les phases de la vie d'un membre de l'organisation : intégration, mutation, nomination, retrait.

RITES DE CÉLÉBRATION

Célébration des héros, des produits, des résultats, d'anniversaires.

RITES DE « LEVER DE DRAPEAU »

Séminaire d'autocélébration, réunions annuelles des cadres, réunions de « dynamisation », grand-messes autodynamisantes.

RITES DE « NETTOYAGE »

Rénovation des procédures, redéfinition des règles d'évaluation, audits.

RITES DE RASSEMBLEMENT

Arbres de Noël, voyages de groupe, pauses-café.

1-2 — L'UTILISATION DES RITES

1 — Il faut auditer le sens des rites existants. Toute entreprise possède ces rites et ils expriment quelque chose, encore faut-il le savoir.

2 — Il faut vérifier si le sens porté correspond aux caractéristiques de la culture ou au projet si l'on se situe dans cette perspective.

3 — Il faut changer le déroulement de certains rites qui expriment un sens contraire au système de valeurs (de la même manière que l'on changerait une procédure de rémunération qui ne correspondrait pas aux valeurs de l'entreprise).

4 — Il faut supprimer certains rites qui n'ont plus de raison d'être pour les raisons évoquées.

5 — Il est possible de créer, en dernier ressort, de nouveaux rites.

Cette liste est très ésotérique. Complétons-la de quelques exemples :

- introduction de réunions annuelles de cadres au cours desquelles sont présentés les résultats de l'année et les projets pour l'avenir ;
- création de challenges entre des vendeurs ;
- modification du système d'information interne ;
- célébrations d'anniversaires du lancement d'un produit-phare, d'une découverte technologique, d'une installation, etc. ;
- commémorations de personnages du passé.

CHAPITRE 9

LE PROJET D'ENTREPRISE

De plus en plus d'entreprises se lancent aujourd'hui dans la démarche d'élaboration d'un projet. Pour ce faire, elles doivent partir d'un audit de leur culture ; toutes les expériences montrent que plus l'analyse préalable est fine, plus grandes sont les chances de succès. Les liens sont donc si forts entre culture et projet que certains assimilent les deux parfois.

Le projet d'entreprise est un document, écrit, formalisé, visible, qui trace pour l'entreprise une référence permanente.

9.1. LES RAISONS D'UN PROJET

Éliminons tout de suite les raisons de pure forme. Le projet est à la mode et l'envie d'y succomber semble parfois la raison la plus objective.

A. L'ENTREPRISE FAIT FACE A DES PROBLÈMES

Plus sérieusement, l'entreprise peut se trouver confrontée à des problèmes que le projet va lever ou, du moins, aider à résoudre.

Le premier est une difficulté à se situer dans l'environnement. Les produits et marchés traditionnels de l'entreprise sont remis en cause, ses résultats baissent dangereusement. Le projet, dans l'esprit de la direction, doit aider à distinguer les pistes stratégiques possibles, déceler dans le patrimoine de l'entreprise des potentiels à exploiter, créer la mobilisation nécessaire à l'affrontement de ces nouvelles difficultés.

Une entreprise du secteur des télécommunications a été amenée à penser au projet quand les améliorations technologiques liées à la saturation du marché en France ont obligé certaines divisions à reconsidérer complètement leur activité pour survivre. Le projet ne comprenait pas seulement de nouvelles activités mais aussi un autre mode d'organisation et de management.

Le second est moins exceptionnel pour l'entreprise : elle rencontre un certain nombre de seuils, de stades obligatoires de structuration ; ce passage doit se traduire par une nouvelle définition des modes et des logiques de fonctionnement de l'entreprise ; il en découlera de nouvelles structures, procédures et des critères de management plus opérationnels.

Ce cas est assez fréquent : dans un premier exemple, c'est une chaîne de restauration collective dont le nombre de restaurants devient important. Le projet apparaît nécessaire au moment où un seuil de taille est franchi : il faut établir de nouvelles règles de répartition des compétences entre le restaurant et les structures régionale et centrale du groupe.

Dans un autre cas, une entreprise, filiale d'un groupe étranger s'implante en France pour distribuer un produit de grande qualité. L'activité s'est rapidement développée autour d'une équipe de « pionniers » très attachés au produit. Une structure s'est mise en place qui correspondait plus à l'équilibre des personnalités en présence qu'à une logique fonctionnelle. Quand l'entreprise atteint sa vitesse de croisière, de nombreux dysfonctionnements apparaissent sur des problèmes de répartition de responsabilités et de compétences. Quand l'activité ne progresse plus rapidement, quand la structuration de base de l'activité est réalisée (constitution d'un réseau, mise au point de procédures adaptées) les défauts de la structure deviennent criants. Il faut souligner que l'entreprise se porte bien, que sa pénétration sur le marché français s'accroît alors que celui-ci ne se trouve pas dans une bonne période. Du projet, l'entreprise attend de retrouver les facteurs de son succès et une base de valeurs présentes dans l'entreprise pour fonder de nouvelles pratiques de management.

Le trosième type de problème correspond aux situations évoquées dans un chapitre précédent sous le terme d'« événements exceptionnels ». Restructurations, rapprochements, fusions, absorptions, etc. L'exemple de notre mission 2 survenait quelques mois après la reprise d'une autre société importante qui allait jusqu'à modifier le nom du groupe. L'exemple de Lafarge est également très instructif. Lafarge avait lancé une démarche de projet donnant lieu à l'expression de valeurs et de principes d'action pour le groupe ; quand est intervenu le rapprochement avec Coppée, ces principes ont été revus, le projet actualisé.

Quatrième type de problème, parfois lié au précédent, le changement de dirigeants. Le nouveau dirigeant désire donner sa marque à la nouvelle période qui s'ouvre, il veut clarifier les choses pour tout le personnel et les cadres ; il est aussi concerné par les besoins que le conseil d'administration a voulu satisfaire en le désignant.

B. L'ENTREPRISE VEUT MOBILISER SON PERSONNEL

Cette préoccupation est universelle depuis quelques années. Les exemples « pacifiques » ont donné du corps à ce concept qui relaie judicieusement les notions de motivation et satisfaction que l'on ne savait plus comment décliner. La notion d'implication induit un socle sur laquelle elle se fonde. Ce peut être un projet d'entreprise, un système de valeurs : c'est la raison pour laquelle d'aucuns confondent ces deux concepts. Les rapprochements entre ce terme et ses utilisations plus guerrières n'est donc pas fortuite.

Le projet d'entreprise intervient fréquemment pour répondre à des préoccupations de gestion du personnel et de résolution de problèmes d'intégration plutôt que de définition de nouvelles activités et procédures. C'est un point important et sans doute la raison pour laquelle beaucoup d'experts, pas forcément gestionnaires, interviennent sur le projet d'entreprise.

C. L'ENTREPRISE VEUT CONSTITUER UNE RÉFÉRENCE

C'est une nécessité de base jamais exprimée que l'entreprise comme tout corps social a besoin d'une référence acceptée — ou du moins connue — par quiconque pour pouvoir fonctionner. C'est le postulat de toute communication : il faut être d'accord sur un minimum pour échanger et agir ensemble.

Beaucoup de règles de gestion ou de règles légales expriment cela pratiquement. Le bilan social (1) par exemple est avant tout un moyen de formaliser une information sociale, indiscutable si le système d'informations, critiqué par le comité d'entreprise, tourne bien ; il constitue donc une base incontestable qui devrait permettre à des discussions de se développer sur certaines des politiques sociales de l'entreprise (2). Les multiples rapports obligatoires, s'ils sont un réel pensum pour les entreprises, peuvent éventuellement avoir cette utilité de constituer la base d'une analyse des problèmes et d'une négociation.

C'est le rôle du projet : être une référence connue et visible pour tous. Le projet ne peut être accepté par tous : ce n'est pas un facteur de succès de se lancer dans cette démarche avec des espoirs aussi inconsidérés.

Le meilleur critère de succès que j'ai observé à propos du projet est justement la pratique du projet comme une référence quotidienne. Si vous avez initié cette démarche en tant que dirigeant,

---

(1) Peretti (J.-M.), Vachette (J.-L.), *Audit social,* Les Éditions d'Organisation, 1985.

(2) Thévenet (M.), *Le bilan social, outil de gestion sociale,* Liaisons sociales, décembre 1981.

vous aurez réussi quand un de vos employés, dans une réunion, vous interrompt en disant : « Ce que vous dites n'est pas conforme au projet. » Moyen de contrôle facile et révélateur des exigences du projet d'entreprise.

9.2. LE CONTENU DU PROJET

C'est un bon moyen d'aborder le projet que de le décrire. Comme pour la culture d'entreprise, le terme n'est pas normalisé et il revêt des formes et des contenus divers d'une entreprise à l'autre.

Pour Lesieur, on distingue des finalités ; elles sont au nombre de quatre (3) :

— finalité humaine ;
— finalité de production ;
— finalité économique ;
— finalité nationale.

Pour Lafarge-Coppée, on parle de principes d'action (4) :

— améliorer la rentabilité de X % ;
— réduire l'endettement de Y ;
— mobiliser les hommes

... d'impératifs :

— combativité ;
— confiance ;
— courage ;
— solidarité ;
— souplesse

... d'un système de valeurs :

— volonté d'être un groupe industriel international indépendant ;
— une conception de l'entreprise et de l'homme au travail.

Pour Aéroport de Paris, la Charte comprend les chapitres :

— la satisfaction de nos clients ;
— la qualité de service ;
— l'esprit d'équipe et d'initiative ;
— la communication et la participation ;
— la compétitivité par la gestion ;
— autorité aéroportuaire et entreprise de pointe ;
— au service du transport aérien.

---

(3) Chevalier (F.), *Guide des cercles de qualité,* F.N.E.G.E., 1985.

(4) De Clerck, Intervention aux journées Gestion du personnel de l'E.S.S.E.C., Publication F.N.E.G.E.-C.E.R.E.S.S.E.C., 1985.

Pour E.D.F. (5), c'est un message du président accompagné de ce que seraient les caractéristiques de la culture de l'entreprise nationale, sur la base desquels les différents centres et unités vont construire leur propre projet.

Il existe deux moyens de décrire ce que contient habituellement un projet : il y a les domaines évoqués et l'objet de leur évocation.

Les cinq domaines les plus fréquemment évoqués :

— une certaine conception de l'homme dans l'entreprise (avec éventuellement une mise en pratique dans les règles de management) ;
— le service au client ;
— la qualité des produits ou des services rendus ;
— la relation aux actionnaires ;
— le rôle « sociétal » de l'entreprise vis-à-vis de la région ou du pays par exemple.

Les objets du projet :

— affirmer ce qu'est l'entreprise ;
— affirmer ce qu'elle veut être ;
— affirmer ce qui fonde ses stratégies, ses décisions, ses modes de fonctionnement.

Un *projet* doit surtout se différencier d'un plan. Archier et Sérieyx (6) affirment qu'une entreprise dispose d'un projet si elle sait ce qu'elle sera dans 20 ans. La prévision est tellement illusoire à cette échéance que répondre à cette question signifie que l'entreprise a un sens de la durée, qu'elle ne s'imagine pas menacée par le syndrome du cycle ; pour ce faire elle a une conception d'elle-même suffisamment solide et argumentée pour projeter ces valeurs et principes dans le très long terme. Le projet serait alors une certaine conception de l'entreprise.

On peut formaliser les différences entre plan et projet dans le tableau suivant :

Il veut mettre en valeur plusieurs aspects :

— il ne doit pas y avoir compétition ou choix exclusif entre plan et projet : ils ne ressortissent pas du tout de la même problématique. J. Lesourne (7) montre l'intérêt prépondérant de la prospective et de la prévision dans nos économies d'aujourd'hui. Il ne faudrait pas que les reproches adressés à la prévision et aux approches modélisatrices, dans un mouvement de balancier, donnent trop d'espoirs dans le projet, tout simplement parce qu'il aborde l'avenir de l'entreprise selon une autre logique. Le projet ne remplace pas le plan, ni les nécessités de prévision et de prospective ;

---

(5) *« Projet de l'E.D.F. : le courant passe »,* L'usine nouvelle, nov. 1985.

(6) Archier-Serieyx, *L'entreprise du 3e type,* Le Seuil, 1984.

(7) Lesourne (J.), *Vers un retour en grâce de la prévision et de la prospective,* R.F.G., n° 53-54.

— la différence principale est l'opposition guide/référence ; le plan ou ses déclinaisons sous forme de budgets constitue un guide pour l'action quotidienne de l'entreprise : il dit ce qu'il faut faire. Un projet ne dit pas ce qu'il faut faire ; chacun prend ses décisions et mène son action, son libre arbitre a le soutien de la référence que constitue le projet. Si l'on résume le projet à un ensemble de valeurs, c'est pour représenter cette situation : on trouve dans le projet une certaine explication du sens de l'entreprise et de ses politiques.

PLAN	PROJET
— Il est constitué à partir de modèles de gestion et de prévision économique.	— C'est une démarche très qualitative.
— Il peut être réalisé par des experts externes sur la base de directives.	— Il requiert la participation du plus grand nombre dans l'entreprise.
— Il fait référence à l'activité de l'entreprise.	— Référence à l'activité et à la culture.
— C'est un guide pour l'action.	— C'est une référence pour l'action.

9.3. LES CONDITIONS D'ÉLABORATION D'UN PROJET

A. DES ACTIONS PRÉALABLES AU PROJET

Plusieurs conditions doivent être remplies avant l'écriture du Projet :

— un audit de la culture existante de l'entreprise ;
— une connaissance des objectifs fondamentaux et missions premières de l'entreprise : on les a vérifiés auprès du conseil d'administration éventuellement afin que le projet soit une démarche globale et unie ;
— la maîtrise des rapports de l'entreprise avec son environnement afin que le projet ne soit pas une élucubration interne et seulement autosatisfaisante ;
— la vérification de la volonté du plus grand nombre — déjà de celle de l'encadrement supérieur — d'aller dans cette direction de formalisation d'une référence.

Un projet s'élabore à partir de ce qu'est la culture et de ce que l'entreprise veut faire de son avenir. L'enjeu du projet sera de réduire d'éventuelles incohérences entre l'un et l'autre. Les autres conditions s'exprimant en termes d'actions préalables sont beaucoup plus « naturelles ».

B. LA PARTICIPATION DE L'ENTREPRISE

Toute action profonde sur l'organisation doit se mener en compagnie de l'entreprise. Le projet représente une production et il est courant de dire que la participation doit s'instaurer autour de la rédaction. Il n'existe pas de religion en la matière ; regardons ce que font les entreprises dans quelques cas très différenciés :

Exemple 1 : grand groupe industriel.

L'impulsion vient de la direction générale. Ce groupe se trouve face à des défis technologiques très importants : le président prend le temps de voir l'évolution technologique, commerciale et managériale à l'étranger et chez ses concurrents ; il en conserve un certain nombre d'idées de base qu'il soumet à l'ensemble de ses cadres supérieurs qui eux-mêmes diffusent l'information plus bas. Le projet final est le fruit de cette réflexion conjointe sous l'impulsion du président : l'opération dure trois ans.

Exemple 2 : société de service avec de nombreuses succursales ; un nouveau directeur général arrive ; il estime nécessaire d'établir un projet dont il trace les grandes lignes avec son comité de direction. Il lance une enquête d'opinion auprès de l'ensemble de son personnel pour connaître leur avis sur certains domaines repris dans le projet. L'enquête est dépouillée par les directeurs de succursale et les résultats discutés entre chaque directeur et son personnel. Les résultats globaux remontent et le directeur affine son projet.

Exemple 3 : société industrielle qui constituait notre mission 2 dans la deuxième partie. Le projet est lancé à l'initiative d'un directeur général fortement déterminé. Le travail préparatoire est effectué en comité de direction.

Les points communs à ces exemples :

— la volonté de direction générale est très forte et sa marque dans le contenu du projet aussi ;
— à chaque niveau, il existe une participation qui sert à motiver, mobiliser, informer et tester les éléments du projet ainsi qu'à éventuellement les moduler mais dans un travail de groupe, il est difficile de rendre à chacun son apport ;
— cette participation signifie discussion, aménagement négocié et non vote ou élaborations séparées de motions.

Les différences entre ces exemples :

— le niveau de participation : dans le premier cas, c'est l'encadrement dans un sens assez large, dans le second cas, c'est, pour un rôle limité certes, l'ensemble du personnel ; dans le troisième cas ce n'est que le comité de direction ;
— les modalités de cette participation : dans le premier cas, elle a pris la forme de formation-action de l'ensemble de l'encadrement ; dans le second cas, c'est une enquête d'opinion et dans

le troisième, c'est un aménagement des séances du comité de direction et des séminaires de soutien.

La participation est donc nécessaire ; elle ne signifie pas que l'élaboration d'un projet résulte d'un vote ; l'impulsion de la direction générale est indispensable — et parfois la condition la plus difficile à satisfaire. Elle peut prendre diverses formes dont nous avons donné quelques exemples. Elle doit concerner du monde afin de mobiliser mais aussi pour enrichir, moduler, tester les données du projet.

C. LA DURÉE

Toutes ces opérations sont longues. Quand Lafarge présente son expérience de projet, on ne peut qu'être séduit par la rigueur de la démarche et l'intérêt des résultats ; ses imitateurs potentiels devraient lire minutieusement les documents fournis : ils trouveraient dans un exposé fait par M. Lecerf en 1982 à Bruxelles que leur démarche a démarré... en 1977. On mésestime toujours dans les organisations le rôle déterminant du temps.

D. LA FORME

Dans un projet, la forme revêt une importance déterminante parce qu'il est aussi un instrument de communication :

— le projet doit être simple dans sa formulation. Il a la lourde mission de résumer quelques points fondamentaux pour être diffusé, lu et compris par tous. La formulation et sa simplicité induisent du sens, les mots seront donc recherchés, testés, vérifiés ; ils auront donné lieu à de tels débats qu'un grand travail de clarification aura été opéré avant d'aboutir à ces formulations simples ;

— il est court : le projet doit tenir sur un recto ; ses formulations sont concises ; n'oublions pas l'image du slogan, de l'emblème ou de la charte ; ce ne sont que des métaphores qui mettent en valeur le caractère de résumé du projet.

E. LE FOND

— Un projet est ambitieux ; il donne la voie que l'entreprise doit suivre sur le long terme.

— Il est fait pour tous. Chacun peut s'approprier son contenu ; il met en jeu l'entreprise dans son ensemble et pas seulement quelques-unes de ses composantes.

— Un projet est établi pour longtemps. Trop souvent, les innovations managériales se suivent comme si l'on pouvait effacer ce qui a été fait précédemment sur l'organisation. La possibilité d'effacer et de recommencer n'existe pas, le projet devra durer. La décision d'un projet doit donc être bien réfléchie.

9.4. LES SUITES À DONNER AU PROJET

Deux types de suites doivent être données.

— la sensibilisation au contenu de ce projet ;

— l'élaboration de plans d'action induits par le projet.

Partons de ce découpage pour donner quelques pistes.

A. SENSIBILISATION

C'est le triptyque Formalisation-Diffusion-Formation.

— Formalisation

Au moment de l'élaboration doivent être arrêtées les formes que prendra le projet. Dans les expériences que nous connaissons, ces formes vont de la lettre du président à l'ensemble du personnel, lui expliquant le contenu et le sens du projet, jusqu'à l'affiche apposée sur tous les murs de l'entreprise en passant par le plus traditionnel numéro spécial du journal d'entreprise.

— Diffusion

Plusieurs choix s'imposent : le projet est-il diffusé à l'intérieur et à l'extérieur. Si oui, auprès de qui et comment. Les relations publiques doivent-elles relayer l'entreprise dans cette opération ?

Sur le plan de la diffusion interne, le projet est-il destiné à l'encadrement ou à l'ensemble du personnel. Si la diffusion est générale, quelle importance veut-on donner à celle-ci : une page dans la presse d'entreprise, une note de service ou une cérémonie de baptême du projet.

— Formation

La diffusion du projet peut être un excellent moyen de réunir certains groupes de personnes en formation pour le discuter, l'expliquer, envisager des programmes d'action et montrer l'intérêt que lui porte la direction.

B. ACTION

C'est ici le triptyque Programmation-Formation-Action.

— Programmation

Le projet doit être suivi par l'élaboration d'un programme

d'actions prioritaires touchant aussi bien l'activité de l'entreprise que ses procédures. Ce programme s'étend sur plusieurs années. Il s'exprime sous forme d'objectifs à atteindre, de liens avec le contenu du projet et de moyens à mettre en œuvre.

— Formation

Le plan de formation doit se modifier pour tenir compte du projet d'entreprise. Cette adaptation consiste à développer la formation sur des domaines ou pour des populations, adapter les formations au management pour qu'elles permettent aux participants de vérifier la bonne tenue et le respect du projet, modifier les formations d'intégration des nouveaux.

— Action

Des actions doivent être rapidement entreprises qui affirment l'existence et l'importance du projet. Ces actions premières représentent une volonté de direction générale de fonctionner conformément au projet ; ce sera donc souvent une innovation qui la met seule en cause.

Avec cette seconde catégorie de suites, on touche la plus grande difficulté du projet : son écriture est relativement rapide mais ses préalables sont longs et ses suites exigeantes. N'oublions pas : le projet a réussi quand quiconque lui fait référence dans n'importe quelle situation. Toutes les procédures d'évaluation des performances, de négociation budgétaire, de choix d'investissements se dérouleront au son du projet...

C. DIX BONNES RAISONS DE NE PAS FAIRE DE PROJET D'ENTREPRISE

1 — Si votre entreprise est nouvelle, en plein développement autour du fondateur ou d'un groupe de gens fortement impliqués par sa croissance et son succès, le projet attendra, vous avez beaucoup de choses plus importantes à réaliser.

2 — Si vous ne voulez pas d'un audit de votre propre culture actuelle, si vous n'êtes pas prêt à faire ce travail d'exploitation pour éclairer les choix possibles, vous n'êtes pas encore convaincu de l'opportunité d'un projet d'entreprise. Attendez de l'être.

3 — Si vous savez déjà ce qu'il y aura dans le projet comment n'avez-vous pas encore agi en ce sens : c'est votre projet, défendez-le mais ne l'assimilez pas à celui de l'entreprise.

4 — Si vous êtes pressé d'avoir quelque chose à présenter à vos cadres qui réclament de nouvelles directions, imaginez, donnez une augmentation générale mais ne parlez pas de projet.

5 — Si vous n'êtes pas d'accord pour faire participer l'entreprise

à cette opération, ne parlez pas de projet, vous galvauderiez le terme qui vous sera peut-être utile plus tard.

6 — Si vous voulez compléter votre collection d'expériences managériales après l'amélioration des conditions de travail, les cercles de qualité, l'expression des salariés, la délégation, la gestion par objectifs, faites d'abord un bilan de toutes ces opérations et méditez sur la vitesse de pénétration des messages dans les groupes sociaux.

7 — Si vous pensez que votre projet doit rester au stade de la connivence orale entre vous et votre comité de direction, cela veut au moins dire que celui-ci fonctionne bien et non que vous disposez d'un projet.

8 — Si vous ne percevez pas la dimension contractuelle du projet, il est préférable de ne pas le lancer. C'est un contrat pour l'entreprise, vous en êtes une des parties : le projet vous sera également opposable de la même façon que vous l'opposerez aux autres.

9 — Si vous avez enfin l'intuition de ce que devrait être votre projet d'entreprise, gardez-la bien en tête, lancez la démarche de projet et comparez.

10 — Si vous estimez que votre emploi du temps ne vous permettra pas de mener cette opération ni de la suivre à chacune de ses étapes, ne lancez pas le projet et ne soyez pas tenté de le déléguer.

QUELQUES RÉFÉRENCES BIBLIOGRAPHIQUES

Il est vain de vouloir citer l'ensemble des publications qui traitent de la culture d'entreprise ; cependant, on aura soin de consulter en priorité :

En français :

— Larcon (J.-P.), Reitter (R.), *Structure de pouvoir et identité de l'entreprise,* Nathan, 1979.
— Sainsaulieu (R.), *L'identité au travail,* Fondation nationale des sciences politiques, 1977.
— Revue française de Gestion, numéro spécial sur la culture d'entreprise, n° 47-48, sept. 1984, coordonné par M. Thévenet.
— Muet (F.), *La culture d'entreprise :* synthèse bibliographique, Institut de Recherche de l'Entreprise, E.S.C.-Lyon.

En anglais :

— Schein (E.H.), *Organizational culture and leadership,* Jossey-Bass, 1985.
— Revue Dragon, Editor-in-Chief : Vincent Degot, 44, rue des Écoles, 75005 Paris.

Achevé d'Imprimer
par Corlet, Imprimeur, S.A.
14110 Condé-sur-Noireau

N° d'Éditeur : 692
N° d'Imprimeur : 8331
Dépôt légal : juin 1986

Imprimé en France